经济转型视角下的供给侧结构性改革

孙家良　赵星宇◎著

ZHEJIANG UNIVERSITY PRESS
浙江大学出版社

图书在版编目（CIP）数据

经济转型视角下的供给侧结构性改革／孙家良，赵星宇著．—杭州：浙江大学出版社，2016.10

ISBN 978-7-308-16204-3

Ⅰ.①经… Ⅱ.①孙… ②赵… Ⅲ.①中国经济—经济改革—研究 Ⅳ.①F12

中国版本图书馆CIP数据核字(2016)第214638号

经济转型视角下的供给侧结构性改革

孙家良　赵星宇　著

责任编辑　朱　玲
责任校对　杨利军　张振华
封面设计　春天书装
出版发行　浙江大学出版社
（杭州市天目山路148号　邮政编码310007）
（网址：http://www.zjupress.com）
排　　版　杭州中大图文设计有限公司
印　　刷　杭州日报报业集团盛元印务有限公司
开　　本　710mm×960mm　1/16
印　　张　13.25
字　　数　185千
版 印 次　2016年10月第1版　2016年10月第1次印刷
书　　号　ISBN 978-7-308-16204-3
定　　价　39.00元

前　言

2015 年的中国经济有点冷，"十三五"期间会好些吗？

经过 30 多年的改革，中国已经发生了翻天覆地的变化，进入了一个全新的发展时期，支撑经济增长的因素正在转换。

首先是出口下降。2008 年美国金融危机爆发以后，世界经济进入下行通道，国际市场明显萎缩。同时，2008 年前后，作为世界工厂的中国，传统的低端工业制造业成本优势迅速消失，货币成本（人民币单边升值）、劳动成本（民工荒和劳动合同法的施行）、土地成本、资金成本、环境保护成本等快速上涨。

其次是投资的变化。一是支持中国经济 30 多年的企业投资正在下降，尤其是民间投资；二是支持前 10 多年快速增长的房地产全面进入去库存的阶段，房地产不但不能成为经济增长的动力，反而成为经济增长的反压力量。同时，政府主导的"铁公基"投资也在减少，投资方向正在转换。

更重要的原因是传统的工业制造业出现了严重的产能过剩，市场供求关系完全逆转。这一特点在 2008 年的上半年已经确立。

理论上说，2008 年开始的世界性的金融危机为中国经济结构调整和经济转型提供了极佳的时间窗口。但是随之而来的极其宽松的政策阻止了这一进程。

政府出台的救市政策当然属于政府理性。当经济学家说经济主体是“理性”的时候，通常是想表达如下两层意思：①主体在行事的方法上是理性的，即他的选择是经过深思熟虑的，并非出于情绪、偏见或者习惯（甚至不是出于道德）；②主体知道其行为的后果，并且总是追求最有利于其自身的后果。事实上，“理性人”正是为了追求最有利于其自身的后果，才会对其选择做出考量。

经济学在分析政府理性的时候，存在三种角度：第一，政府由具有一定自利动机的人或者团体构成，他们要追求各自利益的最大化。例如，如果把 GDP 的增长速度作为考核地方政府政绩的一个重要指标，那么他们就会将其行为锁定在这个目标本身，从而为其实施的政策进行解释和辩护。第二，将政府的行为看成是一种预测。第三，理性的政府是使社会福利最大化的政府，但是社会福利最大化可以有不同的定义，如果政府认为在工业化过程中，为工业发展提供资本是社会福利最大化的行为，则政府就有可能用各种方法去大兴土木，从而为工业化和城市化进程服务。所以，当我们讨论政府理性的时候需要把握这些不同的角度。

2008 年之后，政府把维持经济增长率锁定为社会福利最大化的目标，从而很自然地开始了以拉动总需求为主要手段的强大的宏观调控政策，耽误了结构调整和转型的时间，保护了大量的过剩产能，并使诸多“僵尸企业”起死回生，我们失去了最佳的调整、转型和升级的时间，导致现在依旧处在“前期政策调整期”。

需求管理的政策源于 20 世纪 30 年代大萧条后形成的凯恩斯主义。英国经济学家约翰·梅纳德·凯恩斯在 1936 年出版了《就业、利息与货币通论》（以下简称《通论》）一书，奠定了宏观经济学的理论基础，确立了政府利用税收和支出手段来稳定就业、干预经济的基本原则，这被称为“凯恩斯革命”。凯恩斯认为，由于存在信息不对称、垄断以及外部性等原因，市场无法对资源进行最优配置，这就是“市场失灵”。“市场失灵”具体表现为“有效需求不足”，也就是说相对于总供给而言，总需求太少了，并且这种不平衡的状态可能会长期存在，依靠市场的自我调节也许能重新使经济恢复平衡，但是经历的时间会很长，从而造成持久的痛苦，因此最有效的方法就是政府的宏观刺激政策，包括扩张性的财政政策和货币政策。

然而我们遗憾地发现，在政府主导经济发展的制度和体制模式下，这种鼓励净出口，同时用财政政策与货币政策来拉动总需求进而保持供求均衡的政策不但效果越来越有限，反而产生了越来越严重的负面问题，如货币超常规发行所引起的通货膨胀的压力。

因此，当需求侧已无计可施的时候，我们很自然地想到供求关系的另一侧——供给，在努力扩大总需求的基础上，侧重从调整总供给着手使供给与需求保持均衡就成为非常务实的选择。这就是所谓的供给侧改革。

首先，我们相信市场是有效的，市场的有效性体现为竞争机制的作用，即通过竞争，实现优胜劣汰，淘汰落后产能，消灭“僵尸企业”。由于市场行为本身有“滞后性”的特点，所以市场调节一定会带来经济波动。但是，这种波动不是市场失灵，而是市场实现资源配置的有效手段。

其次，发挥市场作用的同时，不能排除政府的作用。例如，市场调控可能导致高失业长期存在，这会影响社会稳定，所以要求政府必须有所作为，制定合理的产业政策以引导结构调整和经济转型。如引导过剩产能进行跨国投资、引导国内资本向战略性新兴产业、农业和服务业投资。

第三，引导传统产业进行创新，努力掌握核心技术、建立和维护民族品牌，提升整个工业制造业的品质。

第四，通过体制改革，为结构调整和经济转型提供必要的体制与社会环境保障，减少制度成本、社会成本以及不必要的中间环节；降低初级产品如电、煤的价格；改革税收制度，制定合理的税收政策。

宏观经济管理的目标是低失业率、低通胀率、稳定可持续的经济增长、国际收支平衡以及维持人民币汇率的稳定。然而如何达成这些目标，在经济学内部则存在着激烈、频繁和持久的争论。

我们经常可以听到经济学家就诸如以下问题进行争论：中央银行是否要加息？如何制订国有企业改革方案？社会保障制度是否要进行改革？国家是否要对宏观经济进行调控？如果需要进行调控，那应该是调节供给还是调节需求？等等。

为什么会存在这些争论？原因包括以下方面：

第一，不同的经济学流派对经济运行模式的看法并不一致。如经济是否在竞争中运行？竞争是否受到限制？限制程度有多深？由于经济学家不可能掌握相关的全面信息，因此各自就会有不同的分析结果，而且即使经济学家对经济运行的模式有相同的看法，在数量上也会有分歧。

第二，价值观的不同会影响经济学家对经济发展的判断。例如，效率和公平往往不能兼顾，有些人主张效率优先，另一些人则主张侧重公平。

第三，也是最重要的一点，经济科学的研究和分析离不开经济学家个人的经济利益，正如马克思在《资本论》第一版序言中指出的，经济学“研究的材料的特殊性，把人们心中最激烈、最卑鄙、最恶劣的感情，把代表私人利益的复仇女神召唤到战场上来反对自由的科学研究”①。

我们认为：经济学家在研究经济问题时，扮演了双重角色：医生和辩护师。作为医生，经济学家必须对经济运行中所出现的各类问题进行客观公正的分

① 马克思. 资本论(第一卷). 北京：人民出版社，2004：12.

析，并开出医治疾病的药方，提出解决问题的建议，这时，经济学家是冷静和理性的，其提出的学说才可能是科学的。作为辩护师，任何经济学家都代表了某一阶级的利益、某一集团的利益，另外还有纯粹的个人利益，因而其分析必然带有感情色彩，有时甚至是非常强烈的感情色彩，所以其研究成果一定带有非理性的成分，难免有不科学之处。因此，我们对待不同的经济学说应该注意这两个方面的问题。

比较两种不同的政策建议，一种政策可能对一些人有利，另一种政策则对另一些人有利。哪一个政策更好，在很大程度上取决于经济学家更关心谁的利益。本书的作者当然不能完全摆脱这种局限性，但我们仍将尽我们所能，提供我们认为客观公正的分析。

本书将通过回顾我国不同阶段的经济发展动能，帮助读者了解目前经济发展的新常态，从而把握经济转型和未来发展趋势等方面的问题。

冬来数度雪，草木已知春。

作 者

2016 年春

目　录

第一章

新常态与动能转换

中国经济发展进入新常态，基本特征是速度变化、结构优化、动力转换。深入认识这三者的内涵及相互关系，是我们全面理解经济发展新常态的重要基础，也是我们主动适应新常态的基本要求。中国在经历改革开放 30 多年以来的高速增长后，目前面临生产成本上升、技术进步方式变化、投资收益率下降、出口导向型增长不可持续的因素变化，这几个因素使得中国经济进入了一个“新常态”。因而要想更好地把握“新常态”经济概念，以及如何在“新常态”的中国经济中有所作为，就必须对改革开放以来 30 多年中国经济高速增长的动能做分析研究。

第一节　党的十八大前中国经济高速增长的动能

1978 年，党的十一届三中全会拉开了中国改革开放的序幕。30 多年来，中国综合国力不断增强，经济建设取得了举世瞩目的成就。中国经济经历了一个高速增长的阶段，年均增长达到 9.9%，在 2010 年，GDP 达到 40 万亿元，超过日本，成为全球第二大经济体。在回顾中国改革开放 30 多年的同时，我们也更加关注如何实现中国经济的可持续高速增长。我们有必要对中国改革开放 30 多年以来的经济增长动力进行研究，以便更好地探寻“新常态”下经济的增长趋势。

一、出口

中华人民共和国成立初期，由于国际上的封锁，我国的进出口贸易额极小。20 世纪 60 年代初期，中苏关系破裂，我国与苏联以及东欧国家的贸易被迫中断。60 年代后期的“文化大革命”使中国处于自我封闭状态，对外贸易几近断绝。1978 年以前，由于不能通过外贸进口一些急需的材料、能源和设备，国家的发展面临着很大的困难，这时，出口对中国 GDP 的贡献率极低。所以，改革开放后出口迅速增长的过程中，依靠增量形成的经济增长率迅速提升。

1.进出口额

改革开放之初，我国以“出口创汇”为切入点，将出口作为拉动经济的重要动力。不但要扩大商品贸易，而且允许外商来华直接投资办企业、搞加工贸易。因而从1978年开始，我国进出口额不断攀升。1978年，我国进出口总额为206.4亿美元，30年后的2007年，我国进出口总额为21765.8亿美元，增长了约104倍。其中，出口总额由97.5亿美元增长到12204.6亿美元，增长了约124倍；进口总额由108.9亿美元增长到9561.2亿美元，增长了约87倍。1978—2007年进出口贸易年均增长17.4%，其中，出口年均增长18.1%，进口年均增长16.7%（见表1-1）。

表1-1　1978—2007年中国的进出口总额、出口总额、进口总额　（单位：亿美元）

项　目	1978年	2007年
进出口总额	206.4	21765.8
出口总额	97.5	12204.6
进口总额	108.9	9561.2

数据来源：《中国统计年鉴》。

注：本书中的数据如无特殊说明，均出自《中国统计年鉴》，故以下不再一一标注。

从数据来看，进出口额逐年增加。进出口额在世界的排名也不断上升，2003年居世界第五位，2004年上升至第三位，2005—2006年均保持在世界第五位，2015年中国跃居世界第一。

然而，2007年下半年2008年上半年美国爆发了次贷危机，由此引发了影响世界的经济危机，这对中国的进出口贸易造成了严重的影响，从图1-1中可以明显看出2009年的出口总额有所下降。但2009年，我国出口总额达到了12016.1亿美元，首次超越德国成为世界第一出口大国。2010年，海关统计数据显示，我国外贸出口总额为15777.5亿美元，比上年同期增长了31.3%，金融

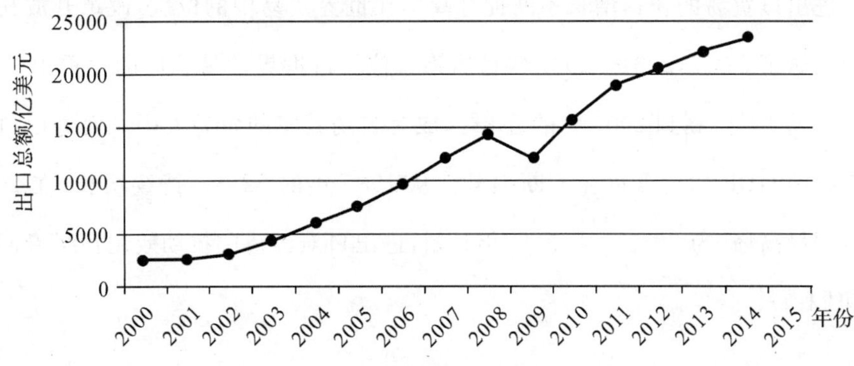

图 1-1　2000—2015 年中国的出口总额

危机所造成的负面影响有所缓解。

30 多年来，进出口贸易从逆差转变为顺差，使我国从一个外汇捉襟见肘的国家一跃成为世界第一大外汇储备国。从改革开放开始到 1993 年，除少数年份进出口贸易有小规模顺差外，多数年份均为逆差(见图 1-2)。进入 1994 年以来，进出口贸易均保持顺差，且规模不断扩大。1995 年贸易顺差突破 100 亿美元，达到 167 亿美元。

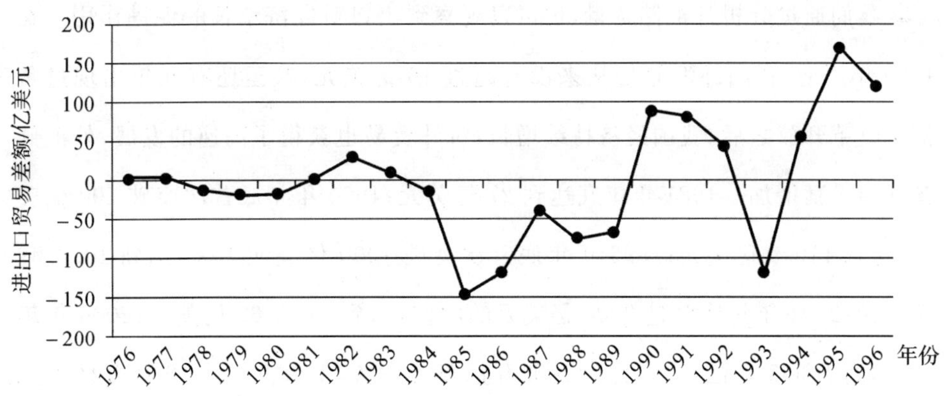

图 1-2　1976—1996 年中国的进出口贸易差额

进出口贸易的快速增长不断提升我国在世界贸易中的位次，改革开放初期我国位居第32位，2004—2007年稳居第三位。占世界贸易总额的比重由1978年的不到1%提高到2007年的近8%，成为名副其实的贸易大国。而进出口总额占我国GDP的比重也在不断提升。从1985年的22.8%持续增长，在2004年达到最高峰，为70%。从2009年开始，进出口对经济的拉动效用在缓慢回落（见图1-3）。

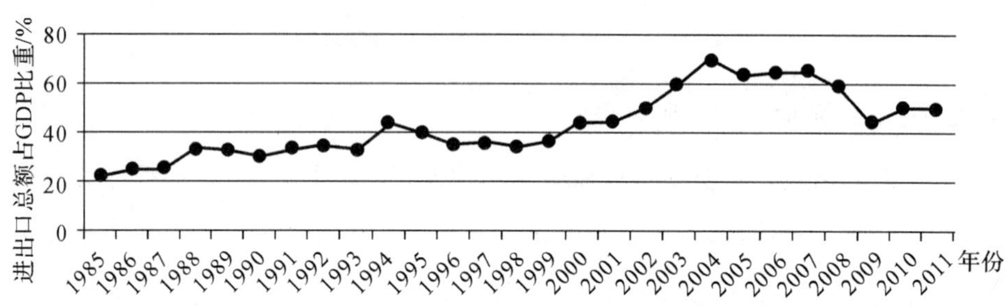

图1-3　1985—2011年中国进出口总额占GDP比重

2.外汇储备

我们通过分析外汇储备量，也可以观察到出口对经济增长的促进作用。在1979年之前，我国外汇储备从来没有超过10亿美元，甚至还有几年出现过负值。改革开放之后，我国经济持续增长，对外贸易也获得了高速的发展，外汇储备开始迅猛增加。1981年年底达到27亿美元；1990年年底首次突破100亿美元，达到110.9亿美元；1996年年底首次突破1000亿美元大关，达到1050.49亿美元；2001年年底跨过2000亿美元的门槛，达到2121.65亿美元；2006年年底，达到10663.8亿美元，首次突破万亿美元大关，2008年为1.946万亿美元（见图1-4、图1-5）。2007年与1977年相比，30年间我国外汇储备增长了1572倍。2011年以来，我国外汇储备在高基数上继续高速增长。到2015年，我国外汇储备达到了3.69万亿美元。

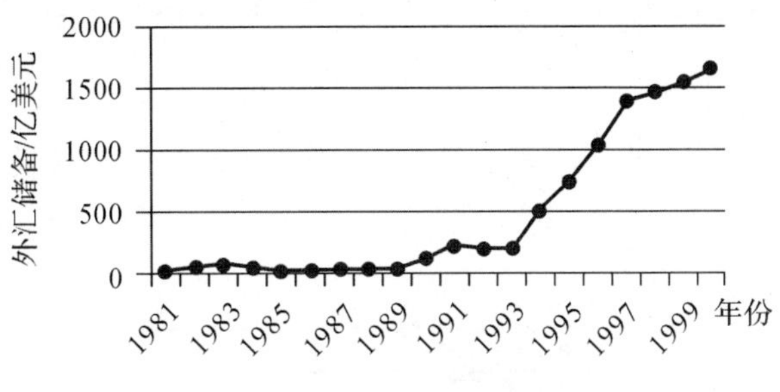

图 1-4　1981—2000 年的外汇储备

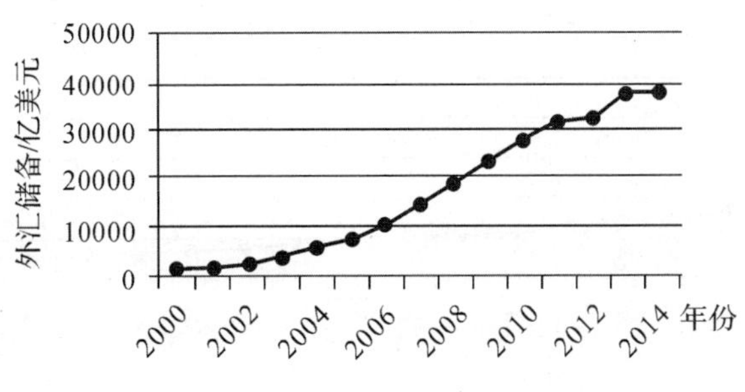

图 1-5　2000—2014 年的外汇储备

3. 出口商品结构

按照产品附加值的高低，可以将出口商品分为初级产品和工业制成品两大类。初级产品技术含量低，在国际市场上的竞争力弱，在粗放式的外贸增长方式下、国内产业结构水平较低时所占的比重较大。相对而言，工业制成品技术含量较高，竞争能力较强，集约型的外贸增长方式多以工业制成品的出口为主。因此，研究出口商品结构的变化需要将贸易品分为初级产品与工业制成品两大类，一般以其在出口总额中所占的比重来衡量。

从图 1-6 中可以看出，改革开放以来经济的高速增长为中国的国际贸易创造了一个稳定的环境，出口导向战略使得出口总规模不断扩大的同时，出口商品中工业制成品的比例也在显著上升。1990 年，中国工业制成品的出口额约为 462 亿美元，占当年出口总额的 74.4%；到 2004 年，这一数字已经跃升为

7129.61 亿美元，占比 93.6%。另外，机电产品已经取代纺织品和服装成了我国的第一大类出口商品。据商务部统计，2005 年机电产品出口达 4267.5 亿美元，占总出口的比重达到 56.0%。其中，高新技术产品出口规模达 2182.5 亿美元，占总出口的比重达到 28.6%。

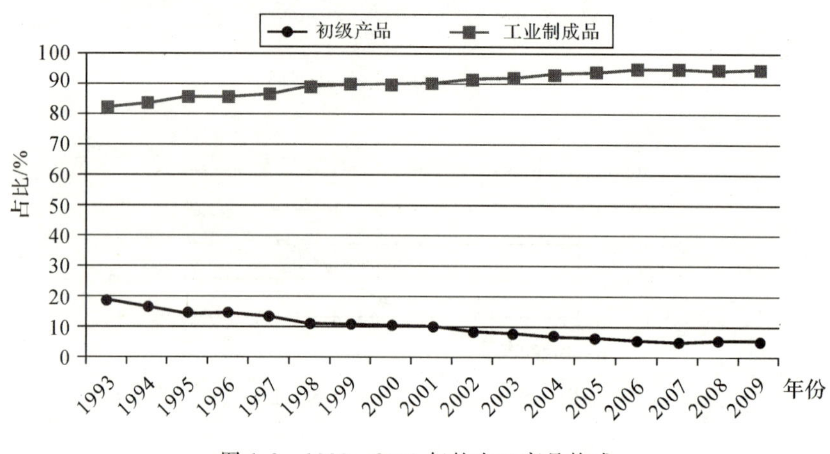

图 1-6　1993—2009 年的出口商品构成

4. 贸易市场结构

改革开放以来，尤其是加入世界贸易组织（WTO）以来，中国进出口规模不断扩大，外贸占世界贸易的份额不断提高。国际金融危机以来，美国、欧洲、日本等发达国家（地区）贸易陷入停滞或低速增长，欧洲和日本在全球市场中的份额有不同程度的下降，而中国的外贸占全球贸易的比重却进一步上升。其中，2002 年中国外贸占全球贸易的比率仅为 4.7%，2007 年上升为 7.7%，2012 年进一步提高至 10.5%。从 2013 年的情况看，根据世界贸易组织的统计，2013 年上半年中国出口占全球的份额达到 11.5%，比 2012 年全年提高 1 个百分点（见表 1-2）。

表 1-2　主要国家进出口额在世界贸易中的比重　　（单位:%）

主要国家	2002 年	2007 年	2010 年	2011 年	2012 年
中　国	4.7	7.7	9.7	9.9	10.5
美　国	14.3	11.2	10.5	10.2	10.5
德　国	8.4	8.4	7.5	7.4	7.0
日　本	5.7	4.7	4.8	4.6	4.6

资料来源:根据世界贸易组织 Database 数据库计算得出。

截至 2013 年年底,中国已经签订了 12 个自由贸易协定或紧密经贸关系协定,贸易伙伴涉及 20 个国家和地区,遍布除北美洲以外的各大洲。与整体贸易相比,中国与自贸协定经济体的贸易额增长更为迅速。2013 年中国与 20 个自贸协定成员的贸易额增长 16.8%,是中国外贸整体增长率(7.6%)的两倍多。其中,出口增长 18.1%,进口增长 14.8%。东盟 10 国是中国的贸易周边战略的重要目标国家,中国—东盟自贸区也是中国自由贸易区的代表(见表 1-3)。

表 1-3　2013 年中国与自贸协定成员贸易进出口情况

贸易伙伴	中国出口(亿美元)	增长率(%)	中国进口(亿美元)	增长率(%)
东盟 10 国	2438.4	19.6	1988.7	1.6
智　利	131.1	4.0	208.0	0.9
巴基斯坦	110.2	18.7	32.1	2.1
新西兰	41.3	6.6	82.5	42.1
秘　鲁	61.9	16.0	84.9	0.2
哥斯达黎加	9.3	2.7	47.6	−9.8
冰　岛	1.5	54.2	0.8	−14.8
中国香港	3848.8	18.9	162.3	−9.6
中国台湾	406.5	10.6	1565.1	18.4
中国澳门	31.8	17.4	3.9	39.1
瑞　士	35.1	0.6	560.1	145.6

资料来源:根据海关统计所得。

5. 对外经济合作

我国对外经济合作始于 20 世纪 70 年代末,是改革开放带来的新生事物,经过不断努力，迅速发展成我国对外经贸的重要组成部分。

1976 年，我国的对外承包劳务队伍第一次走向国际舞台，到 1979 年共完成 29 个对外工程承包合同，主要市场集中在西亚和北非。1981 年以后，我国的对外经济合作队伍开始逐步壮大，企业的经营水平不断提高，在外承揽的业务规模日益扩大，综合竞争力不断增强，市场多元化战略初见成效。其中 2007 年达成 12996 份对外承包合同(见图 1-7)。

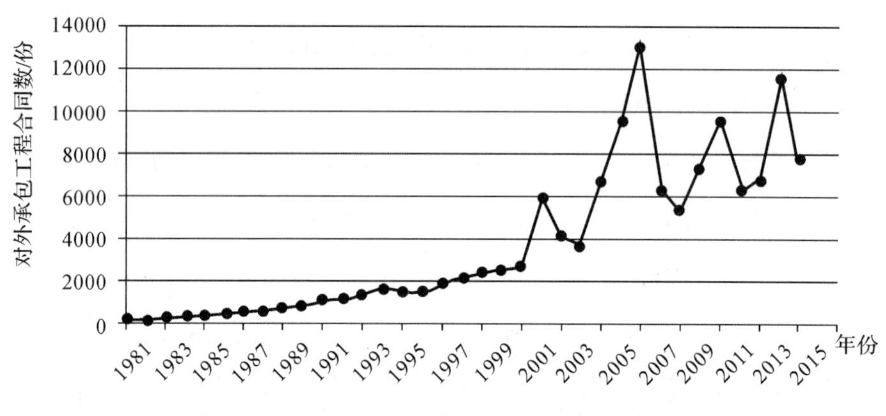

图 1-7 1981—2015 年中国对外承包工程合同数

中国加入世界贸易组织以来，对外经济合作驶入良性发展的快车道。2002—2014 年，对外经济合作签订合同累计 9.7 万份，合同金额达 12571.9 亿美元，1981—2014 年中国对外承包工程合同金额见图 1-8。

改革开放以后 30 多年的出口产品基本上是以低端产品即低附加值的劳动密集型的产品为主，其竞争优势为价格竞争力。支持价格竞争优势的是成本低廉。随着成本的迅速上升，出口对经济增长的贡献正在发生变化。

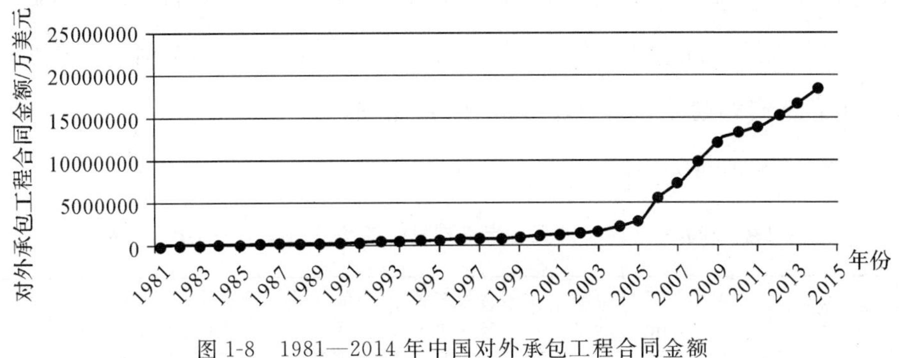

图 1-8 1981—2014 年中国对外承包工程合同金额

二、投资

投资是拉动经济增长的“三驾马车”之一，投资规模的适度扩大对 GDP 的增长具有一定的拉动和推动作用。改革开放后的投资从内容上主要包括三个方面：第一，由于乡镇企业、民营企业和三资企业的数量迅速增长，在全国范围内形成了企业固定资本的投资，包括机器、厂房和设备。这些投资真实、健康、有效地支持了中国经济的高速增长，并让中国完成了工业化进程的第一步。第二，21 世纪起，房地产成为支持中国经济高速增长最重要的投资主体。第三，持续了 30 多年的政府投资主要是基础建设的大规模投入，包括传统意义上的铁路、公路和机场等，习惯上称为“铁公基”。

改革开放 30 多年间，从需求方面看，投资规模的扩大可以引起对投资品需求的增加，从而造成就业人数及收入的增加，并由此引起消费品需求的增加。从供给方面看，投资有利于今后扩大再生产，增加社会产品的总供给。以下将从两个方面分析投资对经济增长的效应。

首先，利用国民收入法进行分析。我国的固定资产投资统计工作从 1950 年建立基本建设统计开始得到初步发展，1978 年建立了城镇集体固定资产投资统计，同年进行了全国基本建设项目和挖潜、革新、改造项目的清理和普查，在此基础上，1980 年建立了更新改造投资统计，1981 年建立了农村集体所有制投资、农村个人投资和城镇个人建房投资统计制度。至此，全社会固定资产投资统计才全面建立起来并逐步得到发展和完善。表 1-4、图 1-9 和图 1-10 是 2000—2014 年的相关数据。

表 1-4　2000—2014 年中国固定资产投资额、增长率以及占 GDP 比重

年　份	固定资产投资额（万元）	固定资产投资额比上年增长(%)	全社会固定资产投资额占 GDP 的比重(%)
2000	329177000	10.3	33.2
2001	372135000	13.1	—
2002	434999000	16.9	41.5
2003	555666000	27.7	47.4
2004	704774000	26.8	51.5
2005	887736000	26.0	48.5
2006	1099982000	23.9	52.2
2007	1373239000	24.8	55.0
2008	1728284000	25.9	57.5
2009	2245988000	30.0	66.0
2010	2781219000	23.8	69.3
2011	3114851000	12.0	65.9
2012	3746947000	20.3	72.2
2013	4470740000	19.3	76.0
2014	5127610000	14.7	80.6

注：2001 年全社会固定资产投资额占 GDP 的比重数据缺失。

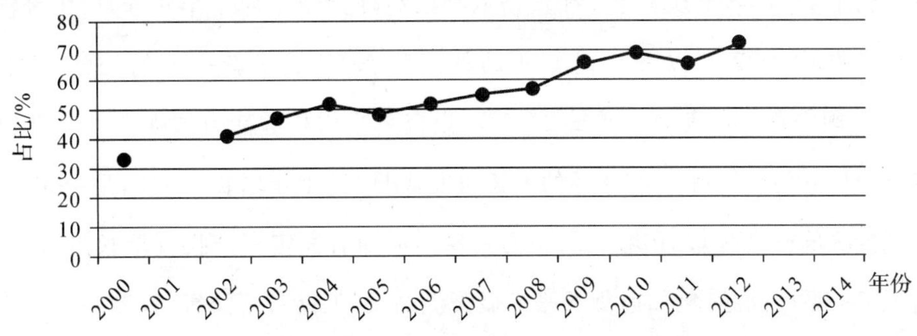

图 1-9　2000—2014 年全社会固定资产投资额占 GDP 比重

注:2001 年数据缺失。

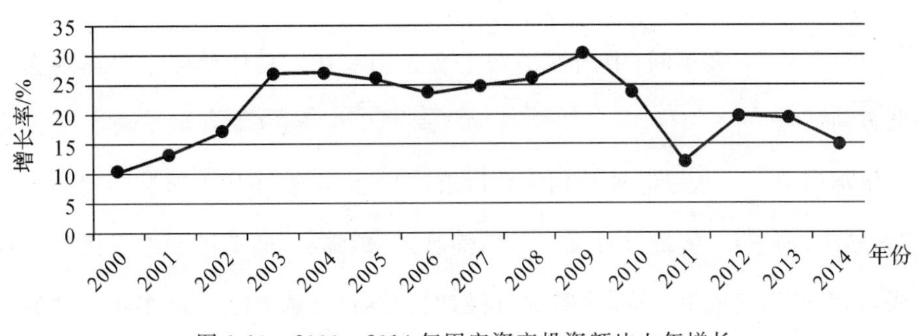

图 1-10　2000—2014 年固定资产投资额比上年增长

从图 1-10 中可以看出,2000 年以来,我国对固定资产的投资在不断增加,增长的幅度至 2009 年达到高峰,由于统计数据对经济周期的反映有滞后性,因而在 2008 年的金融危机过后,我国在 2010 年之后固定资产投资额增长率有所下降。依靠对固定资产投资对经济进行拉动的增长率也日渐趋缓。

从中国经济发展的历史来看,我国固定资产投资与经济增长的关系非常密切。

改革开放以来,我国引进了大量国外成套技术设备,以提高企业技术水平和产业水平。1978 年全年固定资产投资额高达 668.7 亿元,比上年增长了 22%,刺激了经济的飞速发展,当年实现国内生产总值 3264.1 亿元,年增长率也达到了11.7%，出现了第一个经济周期的高峰。2002年下半年起，中国经济增长摆脱了1997年以来长达6年的低迷状态，开始了新一轮的经济周期。2003年固定资产投资全年增长27.7%，投资自主增长的活力加强。2004年固定资产投资仍然保持了26.8%的增长速度，GDP比上年增长9.5%，是1997年亚洲金融危机之后GDP增速最快的一年。但随着固定资产投资增长过快，也出现了一系列问题，例如通货膨胀率显著提高、外汇储备下降等，也制约了固定资产投资的规模再扩大。

三、消费

改革开放30多年间，中国的消费生态急剧变迁。具体变化主要体现在以下几方面：

服饰消费——从缝缝补补到个性诉求。30多年前，中国人服装消费的观念是"新三年、旧三年、缝缝补补又三年"，喇叭裤、蝙蝠衫、健美裤和连衣裙是一种时尚，如今已演变成追时尚、讲款式、讲搭配、看场合、显个性。30多年前，"的确良"就是很洋气的象征，但是现在追求丝、棉、麻、纤维等，讲究布料原生态和纯天然。30多年前，中国服装基本是靠小裁缝的手工式作坊制作，而当前由专业设计师设计，并由国际化的研发体系以及现代化的品牌运作。中国服饰消费观念从"有的穿就好"，逐步向"穿得时尚、个性、健康"转化。

食物消费——从"吃得饱"到新概念。30多年前，中国食品消费基本依靠粮票。而今随着小康社会的发展，中国消费者已经由"吃得饱"进阶到"吃得健康"。购买有机食品、健康食品成为消费者的购买新趋势。

住房消费——从四世同堂到独立购房。30多年前，高楼大厦还很少，住房也很拥挤，很多家庭都是四世同堂，可以形容为"三十年前住破房，十平方米内两张床"。现在收入提升，越来越多的渴望独立的年轻人开始独立供房。房地产成为中国 30 多年来发展最迅速的行业。

机动性消费——从“两个轮子”到“四个轮子”。30 多年前中国是自行车王国，自行车是“三大件”之一。但如今“四个轮子”托起了城市以及一些发达农村的人们优质的生活。交通的改善以及交通工具的进化代表着中国机动车半径的扩大，而这也为中国扩大了出行空间，提供了更多走向外面世界的机会。

娱乐消费——从单一娱乐时代到全民娱乐时代。30 多年前，中国消费者只能看黑白电视机，听收音机，偶尔看点集体电影，娱乐形式很单一。如今消费者娱乐的形式多种多样，如电视娱乐、广播电台、音乐会、酒吧等，随着休闲生活方式的改变与扩充，中国人的娱乐支出也大幅上升。

品牌消费——从无品牌、本土品牌到国际品牌。30 多年前，中国处于计划经济时代。产品限量供给，消费者还没有形成品牌意识。改革开放后，随着以“省优、部优、国优”为口号的电视广告的轰炸，以及以宝洁公司为代表的国际品牌的进入，中国消费者从不追求品牌发展到看重国内品牌，现在演化为有能力就要追求国际品牌的普遍消费心理。

通常提到消费，我们会跟“内需不足”挂钩。过去 10 年，在拉动总需求的“三驾马车”中，投资和出口贡献较大，消费贡献较小。居民消费率从 2000 年的 46%下降到 2010 年的 34%。这意味着居民可支配收入占 GDP 比重下降，居民储蓄率上升。

我们认为人口结构变迁是储蓄率上升最根本的驱动因素，经济中的有效储蓄人口数量增长、储蓄增加，过去 10 年，我国人口结构处在一个其他经济体没有经历过的独特状态，即劳动年龄人口数量越来越超过非劳动年龄人口数量，且大量农村富余劳动力向城镇转移重叠。大量的劳动力供给促进了经济增长，但造成收入的分配不利于居民消费。尽管对于统计因素导致消费率低估的问题存在争议，但是我国居民消费率大幅低于国际平均水平是不争的事实。

理论上，政府消费与居民消费之间存在互补关系，这就是政府可以通过扩张性财政支出拉动内需的理论依据。但是由于税收结构不合理、税赋增长过快、政府转移支付不足以及重储蓄投资轻公共支出，降低了政府消费对居民消费的促进作用。另外，居民部门内部分配不均，尤其是房价快速上升和社会保障的缺失推升了居民的平均储蓄率。目前人口结构遇到拐点，2012 年后劳动年龄人口开始从低增长转变为绝对数下降，而农村富余劳动力也大幅减少。潜在增长率放缓，收入分配也有改善的迹象，近几年工资尤其是低端劳动力工资上升较快。由于经济供给能力的增长速度相对消费人口的增长速度较慢，人口结构的变动将逐步削弱抑制居民消费率的因素，目前已经开始的涉及金融、财税体制和社会保障的改革以及房地产调控是值得重点关注的政策走势。

在 30 多年改革开放的进程中，成为中国经济高速增长主要动力的消费，走过了几个阶段，从以自行车、手表和缝纫机为代表的轻纺产品消费开始，经过了以电视机、电冰箱、洗衣机和空调为主要内容的家用电器的消费阶段，发展到 21 世纪初，汽车开始进入普通家庭，住房条件也得到了根本性的改善。

这意味着我国正处于消费长周期的后期阶段，消费对中国经济增长速度的相关性将大幅度提高，消费的结构变化及其趋势将影响未来结构调整和主业转型的方向。当然这种变化的节奏和力度受经济转型、结构调整与相关政策的影响。

显然，党的十八大前的经济增长模式的特点是主要依靠生产要素的持续投入和广泛使用，属于外延型的规模扩张。经济发展以规模扩张为主，创新能力不够，经济质量提升缓慢。

第二节　消费对未来的影响

一、居民消费对经济的影响

居民的消费支出结构对经济的发展具有明显的影响作用。因此可以通过适当调整社会资源配置来影响产业结构，进而影响经济的增长。在工业品数量基本满足需求的大背景下，由于收入的增加、假期的延长和交通条件的改善，居民的消费将由以农产品和工业品为主的消费向以服务业产品为主的消费阶段过渡。

居民消费在国民经济中占有相当大的部分，其对国民经济有非常重要的支撑作用，与投资拉动相比，消费对经济的促进作用更为持久。如果消费萎靡不振，投资对经济的拉动作用实际上是难以为继的。

居民消费拉动经济增长，可以从直接和间接两个方面来说明。从直接作用方面而言，消费本身作为经济增长的一部分，不需要通过任何其他的中间途径即可拉动经济的增长。而如果从间接角度来看，消费的增长表现为产品销售量的增加，销售量的增加会促进投资的增长，而投资与消费一样，都是拉动经济增长的引擎，投资的增长可以使经济以更快的速度增长；投资的增长又可通过乘数效应增加居民的收入，居民收入增加了，消费也会随之增加。因此，如果能够使得投资和消费两者相互配合、相互影响，形成强劲的内需，将更好地促进经济增长。

居民消费还可以起到平抑经济波动的作用，当经济繁荣时，由于居民的边际消费倾向是递减的，从而导致该时点居民的消费水平下降，那么经济增长的势头将得到适当的遏制，有效地防止经济出现过热的现象；当经济陷入衰退和萧条时，由于居民消费的棘轮效应和示范效应以及对一定生活水平的基本需求，居民消费并不会像投资和净出口那样对经济周期那么敏感，从而有效地遏制经济的下滑。居民消费通过这种机制能够平抑经济的波动，使经济平稳地增长。

二、政府消费对经济的影响

政府消费，是指政府部门为全社会提供的公共服务的消费支出和免费或以较低的价格向居民提供的货物和服务的净支出。根据国家统计局的统计标准，我国政府消费可以划分为两类：一类是政府部门本身运转所需的各项支出，主要包括政府职员的工资、福利以及各种公务性消费等；另一类是政府用于社会服务方面的支出，主要包括公共教育事业、外交、医疗卫生、体育、科研、社会保障、文化建设以及国防等各项支出。

政府消费本身直接构成社会总需求的一部分。其一方面作为宏观调控政策工具，拉动和引导居民消费，并且提高居民消费水平；另一方面，作为“理性经济人”的居民为了应对风险和不确定性，必然会将其收入在未来消费和当前消费之间进行合理的分配，而政府消费在科教文卫及社保等方面的支出可以为居民提供更多的保障，从而降低居民未来的不确定性和风险，因此居民会相应减少储蓄、增加当前消费。

政府消费在科教文卫方面的支出，尤其是教育和医疗卫生方面的支出，能够较好地提高劳动力的整体素质，促进经济可持续增长。教育支出可以提高劳动力的技能和创新能力，进而提高劳动生产率；而医疗卫生方面的支出可以补充居民自身在这方面投入的不足，提高国民整体的健康水平，改善劳动力的身体素质，延长劳动力的寿命，从而保证劳动力的供给，提高生产率。

政府消费支出中还有一部分用于制定法律、国防、警察和司法等方面的费用，这部分属于政府提供的社会性服务支出，所提供的服务属于公共物品。这部分物品有助于维护政治环境和经济环境的稳定、国土的安全，为经济活动参与人提供一个放心的从事经济活动的场所和平台。同时，法律制度和司法体系能够保护合法的私有产权，使得投资者对投资利益有稳定的预期，增加个人从事生产投资活动的信心；此外，法律法规还能降低经济活动的风险，减少社会经济活动中的交易费用，提高效率，促进经济增长。

本章小结

本章主要分析了中国经济进入“新常态”之前 30 多年推动经济增长的动能。出口、投资和消费被称为拉动经济增长的“三驾马车”，我们从这三方面进行了简单的回顾：出口方面，我国出口总量稳居世界前列；出口结构逐步优化，机电产品已经取代纺织品和服装成了我国的第一大类出口商品，高新技术产品出口规模不断扩大；贸易范围不断扩大，目前，我国已经签订了 12 个各类自贸协定或紧密经贸关系协定，在世界贸易中的占比不断提高。投资方面，企业固定资产投资、房地产以及社会的基础建设有力地支撑了我国过去 30 多年经济的高速增长。消费方面，随着居民收入水平的提高，在衣、食、住、行方面的开支不断增加，特别是享乐型消费增长迅速，但是相对于出口和投资，消费对我国经济增长的贡献不足。随着我国劳动力成本的上升以及房地产泡沫等现象的出现，投资和出口对经济增长的动能贡献开始减弱，消费必将成为我国下一步经济增长的主要动力，我们将在下一章对不同时期我国经济增长和消费热点之间的关系进行回顾。

第二章

消费热点与经济增长的中国特征

自从改革开放以来，人们的生活普遍地从温饱不足走向小康和富裕，经济社会也随之转型，工业化进程、城镇化进程使得人们的生活变得越来越现代化，社会整体消费结构随之不断升级，消费热点发生巨大的变迁。消费热点作为一种消费经济现象，在一个国家不同的经济发展时期会有不同的表现形式，本章以我国经济发展的情况为出发点，结合居民消费的方式以及整个市场结构方面来分析20世纪70年代末至2013年这段时间里我国的消费热点以及经济增长的特征。

第一节 20世纪70年代末到80年代末的经济

一、经济发展的基本特征(1978—1989年)

改革开放前，中国的国民经济到了将要崩溃的边缘，在市场上表现为全面的供给短缺，大量的消费品都要凭票供应。在这样的市场环境下，中国百姓消费的基本特征是生存性消费，即吃饱和穿暖。经济体制改革也是从农业开始的。

1978年年底召开的党的十一届三中全会，对“以阶级斗争为纲”的思想进行了彻底的批判，提出工作重点应该转移到社会主义现代化建设上来，提出以经济建设为中心的思想，实现了历史的伟大转折，开始迈出了改革开放的重要一步。国家对社会主义经济进行改革，开始把工作的重心转移到经济建设上来，改革的首要启动领域是农村。到1979年年底，出现了生产队包工到组、包产到组以及农民自发包产到户、包干到户的情况，随后1980年开始实行适应我国农业特点的家庭联产承包责任制，农民都开始以家庭为基本单位进行劳动，调动了广大劳动人民的生产积极性，农村政社合一的人民公社逐步解体，农民和乡镇企业获得了经营自主权,农业获得迅速的发展,这一时期的显著特点是农业部门产值的增长速度明显快于非农业部门。

1982—1986 年中央发布了 5 个关于农村的一号文件,如表 2-1 所示。

表 2-1　20 世纪 80 年代中央发布的一号文件

时　间	文　件
1982 年 1 月 1 日	《全国农村工作会谈纪要》
1983 年 1 月 2 日	《当前农村经济政策的若干问题》
1984 年 1 月 1 日	《关于 1984 年农村工作的通知》
1985 年 1 月 1 日	《关于进一步活跃农村经济的十项政策》
1986 年 1 月 1 日	《关于 1986 年农村工作的部署》

1982 年,《全国农村工作会谈纪要》指出,目前农村实行的各种责任制,包括包工定额计酬,承包联产计酬,包产到户、到组等,都是社会主义集体经济的生产责任制。1983 年,《当前农村经济政策的若干问题》指出,当前农村工作的主要任务仍然是稳定和完善农业生产责任制。随后,《关于 1984 年农村工作的通知》提到,要在原有联产承包制的基础上扩大生产规模,并且提出延长土地承包期,实行集约经营。设置以土地公有制为基础的地区性合作经济组织来与统一经营和分散经营相结合的体制呼应。1985 年,《关于进一步活跃农村经济的十项政策》将已经改革成功的经验推广到林业、牧业、水产业等。《关于 1986 年农村工作的部署》进一步肯定了家庭联产承包责任制政策的正确性。

家庭联产承包责任制的推出使农村的生产经营主体由生产队变为家庭,农民获得生产与经营的自主权,生产力得到了极大的解放,我国的粮食总产量从 1979 年的 33212 万吨上升到 1984 年的 40731 万吨,增长了 22.6%,农业总产值从 1979 年的 1698 亿元上升至 1984 年的 3214 亿元,增长了 89.3%(见图 2-1 和图 2-2)。

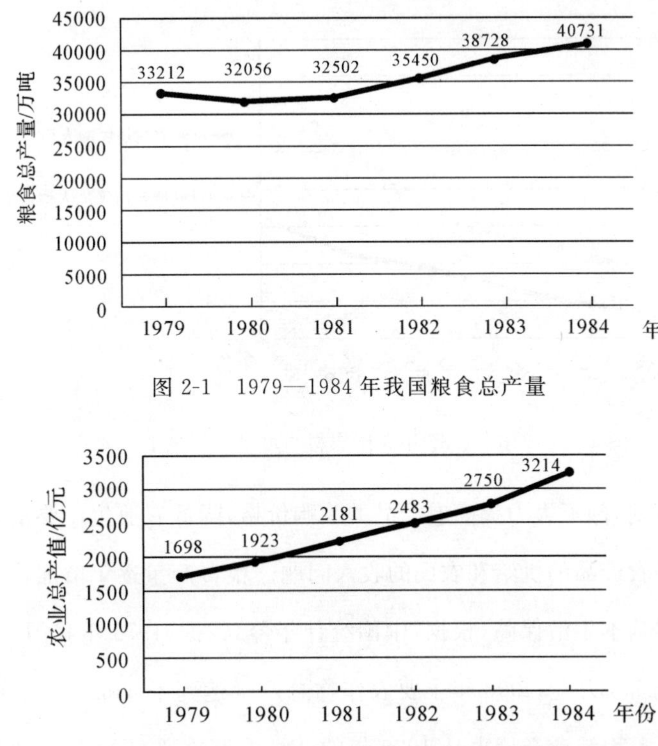

图 2-1　1979—1984 年我国粮食总产量

图 2-2　1979—1984 年我国农业总产值

农村改革在为农业奠定基础的同时，迅速改变农民的基本经济行为，人多地少的国情下被生产队体制掩盖的大量剩余劳动力迅速浮现。追求效率的家庭使得原农村人口迅速分化为：第一，继续从事农业生产的农业劳动力；第二，闯入城里打工的农民工；第三，在市场供给短缺的情况下，开始以非农方式创业的农村人口成为中国工业化进程的起点。

20 世纪 70 年代末至 80 年代末是城镇和农村收入差距缩小的时期，以 70 年代末至 80 年代末的农村居民的人均可支配收入为例，1978 年农村居民人均可支配收入为 133.6 元，而在 1989 年农村居民的人均可支配收入已经提高至 601.5 元。与此同时，城镇居民的人均可支配收入也从 1978 年的 343.4 元提高至 1989 年的 1373.9 元（见图 2-3）。

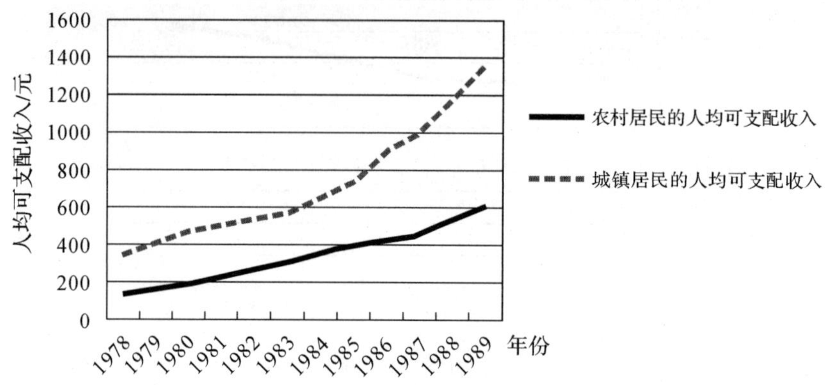

图 2-3　1978—1989 年我国农村与城镇居民的收入水平

在这段时期,国家大力提高农产品的收购价格,降低农业生产要素价格,从而有效地改善了农产品的供给和农民的收入问题。粮食产量逐年增加,从而可以使农村居民获得基本生活保障,根据《中国统计年鉴》数据,1978 年我国主要农作物总产量为 30476.5 万吨,1990 年主要农作物总产量达到了 44624.3 万吨,是 1978 年的 1.46 倍;人均粮食产量也从 1978 年的 319 千克达到 1990 年的 393 千克,增长了 23.2%,为我国的经济发展提供了良好的物质基础(见图 2-4)。

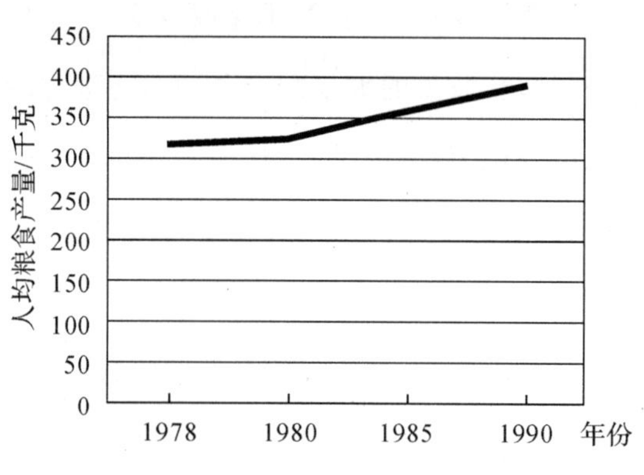

图 2-4　1978—1990 年我国人均粮食产量

1978—1989 年的这一时期可以大致划分为两个阶段,以 1984 年作为该阶段划分的一个分界点。第一阶段国家调整工业结构来解决轻、重工业比例失调的问题，通过下调工业总产值的增长速度以及工业产品的产量指标来降低工业生产的发展速度，加快轻纺工业的发展，到 1980 年，国民经济比例失调的问题初步得到控制。农业、轻工业、重工业比例有所改观，农业和轻工业的增长速度加快，重工业增长速度减慢。与 1979 年相比，1984 年工农业总产值中，农业的比重从 26.6%上升到 29.7%；轻工业的比重从 32.1%上升到 33.3%；重工业的比重从 41.3%下降到 37.0%。

直到 1984 年，党的十二届三中全会肯定了社会主义经济是有计划的商品经济的思想，对经济体制进行了一定的改革，这种商品经济被定义为一种简单的商品经济，此时的经济体制也可以理解为是计划经济与商品经济并存的一种体制，在生产力方面是由社会分工引起的劳动社会化，在生产关系方面是生产资料归不同的经济主体所有(见图 2-5)。

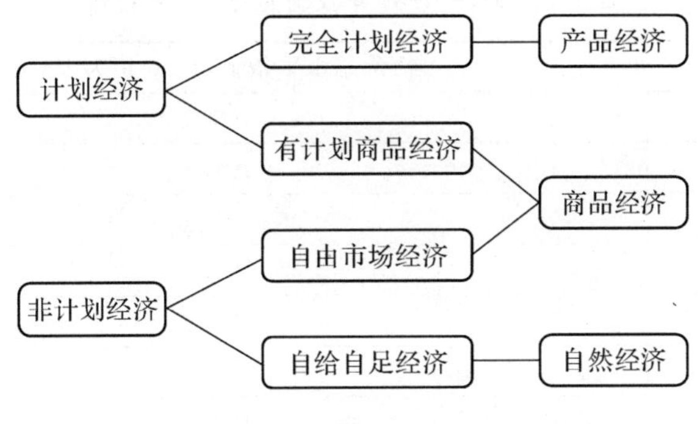

图 2-5　国家的经济体制

改革开始从农村全面转向城市，要求增强企业活力，发挥中心城市的作用。随着改革开放的推进，各类市场主体逐步发展起来，国家开始鼓励发展城乡合作经济、个体经济和私营经济。我国城乡个体户从 1981 年的 182.9 万户增长到 1989 年的 1247.1 万户；从业人数从 1981 年的 227.4 万人增加到 1989 年的 1941.4 万人；营业收入从 1981 年的 10.9 亿元增加到 1989 年的 1961.3 亿元。这些数据表明我国的个体经济已经开始迅速地发展起来。

在个体私营经济发展的同时，农村乡镇企业也开始逐渐发展，乡镇企业的经营较为灵活，更加适应现有市场的需要，以苏南模式、温州模式、珠江模式等具有地方特色的经济发展模式最为突出。我国乡镇企业数从1985年的1223万个增长到1989年的1869万个；营业收入从1985年的2566亿元增加到1989年的7763亿元。

20世纪80年代我国的对外经济贸易也取得了一定的进展，出口总额从1978年的97.5亿美元上升到1990年的620.9亿美元；进口总额从1978年的108.9亿美元上升到1990年的533.5亿美元。

但是道路并不是一帆风顺的，双轨制的价格体系在社会中会导致一些问题的出现，1985年开始至1987年的这段时间，物价较大幅度地上涨（见表2-2），全国零售物价上涨指数分别为8.8%、6.0%和7.3%，三年共上涨了22.1%。1988年开始有部分城市已经出现了抢购的风潮，从而导致物价在原有的基础上进一步上涨。

表2-2　1980—1987年我国的物价水平指数

年　份	物价总水平指数（1980年为100）
1980	100.0
1981	101.9
1982	101.8
1983	102.9
1984	108.3
1985	119.1
1986	123.7
1987	132.4

国家根据当时的经济形势，重点压缩市场总需求，着手调节投资结构，1989年全社会固定资产投资额为4410.4亿元，比1988年减少343.3亿元，增长速度也从1988年的25.4%下降到7.2%，从而使经济过热和通货膨胀得到了有效的控制。

二、居民消费方式的变化

伴随着实际经济水平的快速增长、经济结构的局部调整及社会生活的深刻变化，城乡居民的消费结构乃至整个消费生活方式实现了从贫穷到温饱再向局部小康过渡的重大进步。居民的基本生存需要范围大为拓展，满足程度显著提高，发展和享受资料的消费比重日趋上升。

1. 农村居民消费方式的变化

1978 年农村居民家庭平均生活消费支出为 116 元，其中家庭平均食品消费支出为 78.59 元，占家庭平均生活消费支出的 67.75%。到 1984 年，农村居民家庭平均生活消费支出达到 271.07 元，是 1978 年农村居民家庭平均生活消费支出的 2.4 倍。这些数据表明农村居民初步解决了温饱问题，消费结构以满足日常生活需求的低档消费品为主，这样的消费结构和我国这一时期以生产中低档消费品为主的产业结构基本适应，有力地拉动了我国经济的增长。到 1989 年，农村居民家庭平均生活消费支出已经达到了 531.03 元，其中家庭平均食品消费支出达到 293.40 元，占家庭平均生活消费支出的 55.25%。

表 2-3 是 1978—1989 年我国农村居民家庭平均生活消费支出情况。

表 2-3　1978—1989 年我国农村居民家庭平均生活消费支出　（单位:元）

指　标	1978 年	1980 年	1981 年	1982 年	1983 年	1984 年	1985 年	1986 年	1987 年	1989 年
食　品	78.59	100.20	114.00	133.20	147.60	162.30	183.43	201.20	222.10	293.40
衣　着	14.74	20.00	23.83	25.04	28.00	28.89	30.77	33.00	34.19	44.49
居　住	12.00	22.50	31.61	35.56	42.00	48.36	57.87	70.30	79.77	105.20
家庭设备用品及服务	—	4.10	4.16	9.39	14.00	14.82	16.19	19.60	21.52	32.36
医疗保健	—	3.42	4.22	4.69	4.40	5.04	7.67	8.70	10.65	16.44
交通通信	—	0.59	0.58	0.62	3.55	3.42	5.58	6.20	8.21	8.53
文教娱乐用品及服务	—	8.30	10.12	7.45	5.70	8.24	12.36	14.40	18.48	30.61

注:1978 年部分数据和 1979 年、1988 年数据缺失。

从表 2-3 中可以看出，1978—1989 年，食品消费始终在整个农村居民家庭平均生活消费支出中占有很大的比重，随着生活水平的逐步提高，食品消费的金额也随之提升。衣着消费是农村居民家庭平均生活消费支出的第三大消费支出项目，衣着消费支出从1980年的20.00元上升至1989年的44.49元，虽然有所上升，但是空间不是很大，其主要原因是此时农村居民收入水平不高，对于衣着没有过多的要求，只限于满足基本的生活需要。

在20世纪70年代末到80年代末的这段时间里，我国农村居民掀起了建造房屋的热潮，根据《中国统计年鉴》的数据，1978年农村新建住宅面积为1亿平方米，农村人均住房面积为8.1平方米；1985年农村新建住宅面积为7.22亿平方米，此时农村人均住房面积为14.7平方米；1989年农村新建住宅面积为6.76亿平方米，而农村人均住房面积也已经达到了17.2平方米。这段时间，农村新建住宅面积总数为47.11亿平方米。

观察表2-4可以看出我国农村居民家庭交通通信的支出比例是最低的，原因是80年代农村交通和通信条件都比较落后，与外界的联络不多。

综上，我国农村居民20世纪70年代末至80年代末的这段时间的消费支出以食品、居住、衣着三方面为主，此时的消费属于生存型的居民消费结构。

表2-4是1978—1989年我国农村居民家庭平均生活消费比例。

表2-4　1978—1989年我国农村居民家庭平均生活消费比例　（单位：%）

指　标	1978年	1980年	1981年	1982年	1983年	1984年	1985年	1986年	1987年	1989年
食　品	—	62.97	60.47	61.68	60.18	59.87	58.44	56.93	56.24	55.25
衣　着	—	12.57	12.64	11.60	11.42	10.66	9.80	9.34	8.66	8.38
居　住	—	14.14	16.77	16.47	17.13	17.84	18.44	19.89	20.20	19.81
家庭设备用品及服务	—	2.58	2.21	4.35	5.71	5.47	5.16	5.55	5.45	6.09
医疗保健	—	2.15	2.23	2.17	1.79	1.86	2.44	2.46	2.69	3.10
交通通信	—	0.37	0.31	0.29	1.45	1.26	1.78	1.75	2.08	1.61
文教娱乐用品及服务	—	5.22	5.37	3.45	2.32	3.04	3.94	4.08	4.68	5.76

注：1978年、1979年、1988年数据缺失。

以 1980 年至 1989 年这段时间为例，来分析农村居民家庭平均生活消费支出构成的变化情况。

选取表 2-4 的部分数据，其中 1980 年食品、衣着、居住、家庭设备用品及服务、医疗保健、交通通信、文教娱乐用品及服务分别占农村居民家庭平均生活消费支出的 62.97％、12.57％、14.14％、2.58％、2.15％、0.37％和 5.22％。据上述数据绘制饼状图 2-6。

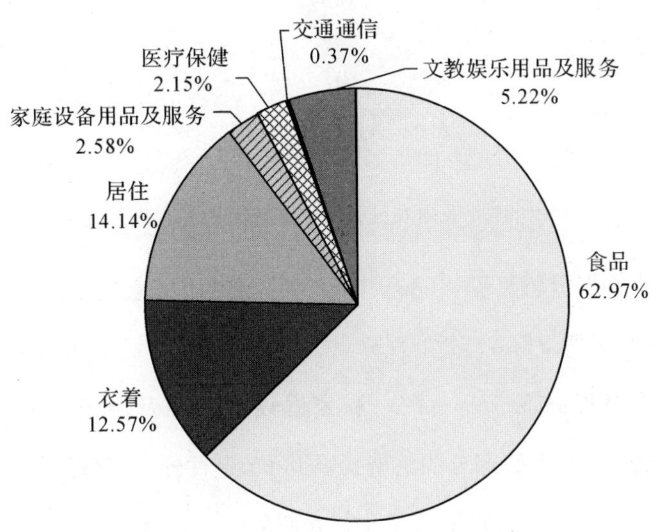

图 2-6　1980 年我国农村居民家庭平均生活消费支出构成

1989 年食品、衣着、居住、家庭设备用品及服务、医疗保健、交通通信、文教娱乐用品及服务分别占农村居民家庭平均生活消费支出的 55.25％、8.38％、19.81％、6.09％、3.10％、1.61％和 5.76％。据上述数据绘制饼状图 2-7。

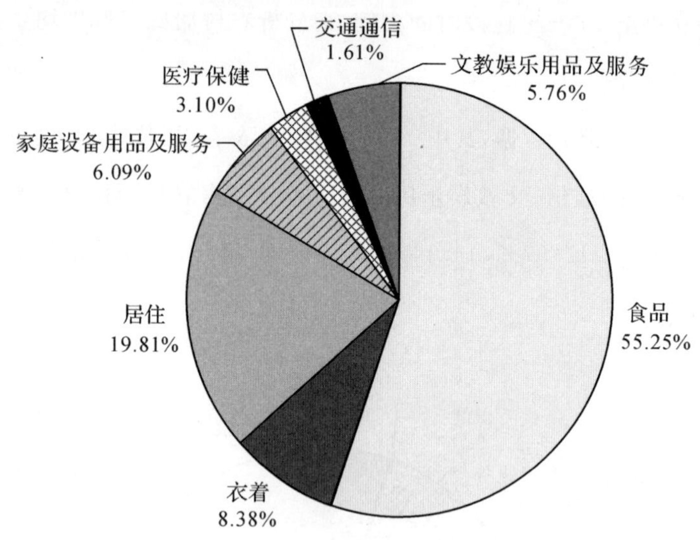

图 2-7 1989 年我国农村居民家庭平均生活消费支出构成

由上面的数据分析可见，1980—1989 年，农村居民家庭平均生活消费支出中，食品部分的消费下降 7.72 个百分点、衣着部分的消费下降 4.19 个百分点、居住部分的消费提高 5.67 个百分点、家庭设备用品及服务部分的消费提高 3.51 个百分点、医疗保健部分的消费提高 0.95 个百分点、交通通信部分的消费提高 1.24 个百分点、文教娱乐用品及服务部分的消费提高 0.54 个百分点。

2. 城镇居民消费方式的变化

与农村居民生活消费水平形成对比的是城镇居民的生活消费情况，城镇居民家庭平均生活消费支出在 1978 是 311.00 元，其中家庭平均食品消费支出为 178.90 元，占家庭平均生活消费支出的 57.52％。1984 年，城镇居民家庭平均生活消费支出已经达到了 534.09 元，其中食品消费支出是 324.24 元，占家庭平均生活消费支出的 60.71％。80 年代中期以后，我国开始全面开展城市经济体制的改革，并且继续深化国有企业改革，使得城市经济得到快速发展，在这一时期，城镇居民消费水平的增长速度明显快于农村居民消费水平的增长速度，

1989 年，城镇居民家庭平均生活消费支出达到 1180.40 元，家庭平均食品消费支出是 659.90 元，占家庭平均生活消费支出的 55.90%。

表 2-5 是 1978—1989 年我国城镇居民家庭平均生活消费支出情况。

表 2-5　1978—1989 年我国城镇居民家庭平均生活消费支出　（单位:元）

指　标	1978 年	1981 年	1982 年	1984 年	1985 年	1987 年	1989 年
食　品	178.90	258.84	276.40	324.24	390.36	472.90	659.90
衣　着	—	67.56	67.56	86.88	112.32	121.10	149.15
居　住	—	19.68	20.88	23.25	25.56	54.24	68.53
家庭设备用品及服务	—	43.68	43.44	50.64	81.48	115.90	155.80
医疗保健	—	2.76	2.88	3.36	5.52	11.43	20.90
交通通信	—	6.60	7.20	8.28	9.24	9.92	11.42
文教娱乐用品及服务	—	38.52	33.84	37.44	75.48	75.05	114.70

注:部分年份数据缺失。

从表 2-5 中可以看出，1978—1989 年期间食品消费始终在整个城镇居民平均生活消费支出中占有很大的比重，随着生活水平的逐步提高，食品消费的金额也随之提升，至 1989 年已经达到家庭平均消费 659.90 元。

衣着消费是城镇居民平均生活消费支出除食品消费之外的最大支出项目，20 世纪 80 年代中期我国对轻工业的投资增大，使得我国的服装产品结构改善，服装样式在原有基础上进一步增多，城镇居民的平均衣着消费支出也从 1981 年的 67.56 元上升至 1989 年的 149.15 元。

我国城镇居民的居住消费比例处于中等水平，《中国统计年鉴》的相关数据表明，1978 年城镇新建住宅面积为 0.38 亿平方米，其中城镇人均住宅建筑面积为 6.7 平方米；80 年代中期，城镇新建住宅面积为 1.88 亿平方米，此时城市的人均住宅面积为 10 平方米；80 年代末期，城镇新建住宅面积为 1.97 亿平方米，城市人均住宅建筑面积为 13.5 平方米。在 70 年代末到 80 年代末的这段时间里，城镇新建住宅面积总共达到12亿平方米。

家庭设备用品及服务占城镇居民家庭平均生活消费支出的比例仅次于居民食品和衣着的消费，80年代中期，我国家电产品增产，彩色电视机、冰箱、洗衣机等产量实现浪潮式的增长，城镇居民家庭设备用品及服务的支出比例也从1981年的9.98%增长到1989年的13.20%。

综上，我国城镇居民20世纪70年代末至80年代末这段时间的消费以食品、衣着、家庭设备用品及服务三方面为主，此时城镇居民的消费处于温饱型的消费结构模式。

表2-6是1978—1989年我国城镇居民家庭平均生活消费比例。

表2-6 1978—1989年我国城镇居民家庭平均生活消费比例 （单位：%）

指　标	1978年	1981年	1982年	1984年	1985年	1987年	1989年
食　品	—	59.14	61.12	60.71	55.77	54.95	55.90
衣　着	—	15.44	14.94	16.27	16.05	14.07	12.64
居　住	—	4.50	4.62	4.35	3.65	6.30	5.81
家庭设备用品及服务	—	9.98	9.61	9.48	11.64	13.47	13.20
医疗保健	—	0.63	0.64	0.63	0.79	1.33	1.77
交通通信	—	1.51	1.59	1.55	1.32	1.15	0.96
文教娱乐用品及服务	—	8.80	7.48	7.01	10.78	8.72	9.72

注：部分年份数据缺失。

以1981年至1989年这段时间为例，来分析城镇居民家庭平均生活消费支出构成的变化情况。

选取表2-6的部分数据，其中1981年食品、衣着、居住、家庭设备用品及服务、医疗保健、交通通信、文教娱乐用品及服务分别占城镇居民家庭平均生活消费支出的59.14%、15.44%、4.50%、9.98%、0.63%、1.51%和8.80%。据上述数据绘制饼状图2-8。

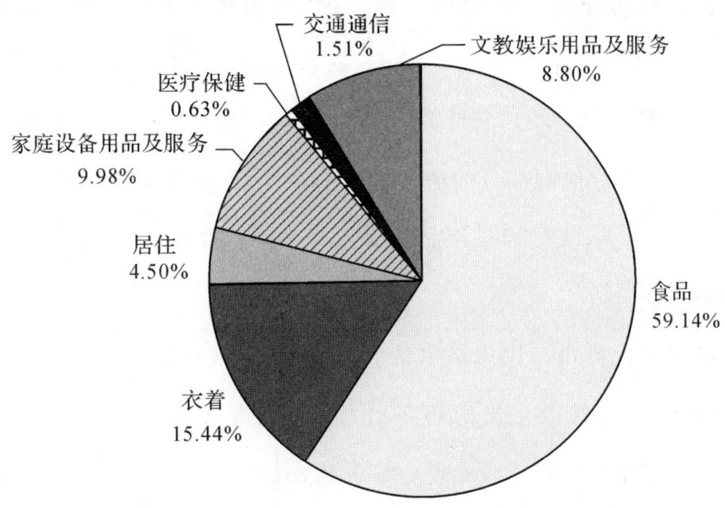

图 2-8　1981 年我国城镇居民家庭平均生活消费支出构成

1989 年食品、衣着、居住、家庭设备用品及服务、医疗保健、交通通信、文教娱乐用品及服务分别占城镇居民家庭平均生活消费支出的 55.90％、12.64％、5.81％、13.20％、1.77％、0.96％和 9.72％。据上述数据绘制饼状图 2-9。

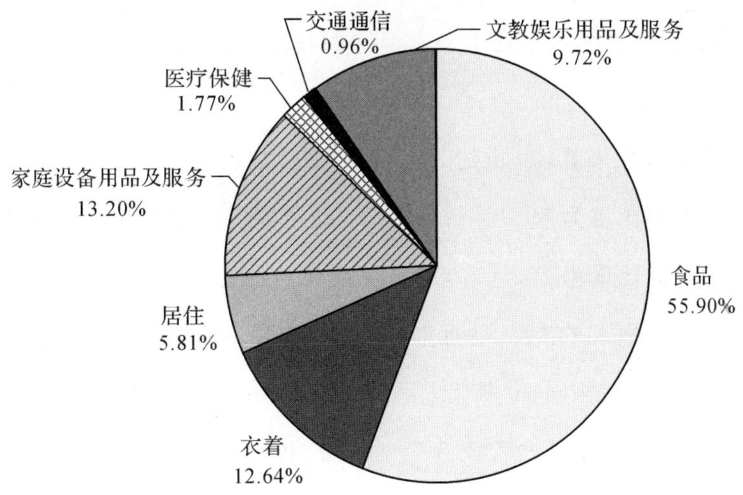

图 2-9　1989 年我国城镇居民家庭平均生活消费支出构成

由上面的数据分析可见，1981—1989 年，城镇居民家庭平均生活消费支出中食品部分的消费下降 3.24 个百分点、衣着部分的消费下降 2.80 个百分点、居住部分的消费提高 1.31 个百分点、家庭设备用品及服务部分的消费提高 3.22 个百分点、医疗保健部分的消费提高 1.14 个百分点、交通通信部分的消费下降 0.55 个百分点、文教娱乐用品及服务部分的消费提高 0.92 个百分点。

3. 分析

以上这些变化都可以用恩格尔系数来进行解释，恩格尔系数描述的是食品支出的总额占个人消费支出总额的比重，恩格尔系数达 59% 以上为贫困，50%～59%为温饱（含 50%），40%～49%为小康（含 40%）。1980 年农村居民人均食品消费支出占人均生活消费支出的比重为 62.97%，也即恩格尔系数为 62.97%，超过了 59%，此时农村居民的总体生活水平处于贫困线以下。1984 年，农村居民人均食品消费支出占人均生活消费支出的比重为 59.87%。1989 年，农村居民人均食品消费支出占人均生活消费支出的比重为 55.25%，这一时期恩格尔系数小于 59%。1989 年恩格尔系数比 1980 年下降了 7.72 个百分点，此时农村居民总体水平处于基本温饱的状态，农村居民的生活质量较之前有了很大的提高。

从恩格尔系数来看，20 世纪 80 年代初城镇居民家庭人均食品消费支出占人均消费支出的比重为 59.14%；1989 年，城镇居民人均食品消费支出占人均生活消费支出的比重为 55.90%，恩格尔系数一直处于 50%～59%，此时城镇居民总体处于温饱水平状态，并且生活的质量也在不断提升。

20 世纪 70 年代末至 80 年代末的这段时间，城镇与农村的消费热点虽然有差异，但是主要都是在以改善家庭生活质量、提高消费水平为目的的消费上。根据上述数据分析，改革开放初期，农村居民大多处于贫困线以下，主要追求的是物质生活资料的满足，农村居民人均可支配收入的增长幅度大于城镇居民人均可支配收入的增长幅度，农村市场是这一阶段消费市场扩张的主体。农村的消费结构由自给自足向商品型转变，在消费能力方面得到不断的改善，并且在这一时期由于我国正处于短缺经济向过剩经济发展的阶段，社会生产力和居民的购买力都受到一定的限制，价位在百元的手表、自行车、缝纫机、收音机在农村成为消费热点。不可忽略的一点是，长期以来农村的住房一直是农村居民消费的热点部分。此时，农村居民以食品、衣着、居住三方面为主，消费类型属于生存型的居民消费结构，居民消费需求集中于过去未曾消费或者未能充分享用的肉禽蛋奶类食品、服装及日用品，注重数量的增加。只有极少数的高收入层次消费者开始注重消费对象的质量和功能。

社会主义商品经济得到了发展，主要的轻工业产品，如自行车、缝纫机和手表的产量平均增长率达到了 20%以上，之后轻工业产品中逐渐出现了电视机、收音机和洗衣机等产品。

随着城镇居民收入的逐渐增长，城镇居民的消费结构也出现了一些变化，居民的消费以耐用消费品的普及与更迭为热点，主要以追逐数量为主，消费热点首先表现为价位在百元上下的“老三件”，即手表、自行车、缝纫机上，之后消费热点很快就转变为价位在千元的“新三件”，即电视机、冰箱、洗衣机上。这一时期的消费热点称为浪潮式的消费热点。此时城镇居民以食品、衣着、家庭设备用品及服务三方面为主，消费类型属于温饱型的居民消费结构。

20 世纪 80 年代中期以后，农村居民人均可支配收入的增长幅度开始变得慢于城镇居民人均可支配收入的增长幅度，农村居民对消费热点的追逐仍然在“老三件”上，而城镇居民的消费热点则是“新三件”。

20 世纪 80 年代后期没有可以替代的家用电器等新的消费热点出现，此时农村和城镇居民消费都呈现了暂时性的停滞。

三、市场结构的基本特征

1978 年改革开放以来，我国仍然属于计划经济体制，这一时期我国的商品处于总需求大于总供给，直到 1988 年，我国原有经济体制下的需求大于供给的情况接近尾声，开始逐渐出现供大于求的现象，这一时期最有代表性的产品是消费品。

从 1979 年开始到 1984 年我国企业开始逐渐地从行政附属物转变为独立的个体，这个阶段主要倡导企业本位论，但是随着实践的进行，又出现了一些新的问题，例如企业资金、地理位置等方面的分配不均，从而国家决定实行利改税，通过对国有企业开征所得税来为企业营造相对公平的环境，并且在一定程度上巩固了国家的收入。

20 世纪 70 年代末到 80 年代中期，乡镇企业与民营经济兴起，改革开放使三资企业的数量迅速增加，我国开始了有中国特色的工业化之路。工业化带动城镇化，形成以集体经济为主的苏南模式和以民营经济为主的温州模式。具体方式是农民利用市场调节机制，一方面采取与内地进行物资协作的方式解决了原材料不足的问题，另一方面将上海和本地大中城市的技术和人才吸引到企业，在短缺经济的背景下迅速在全国打开市场，带动了经济的快速发展，随着农村工业化的不断推进，成功地实现了大量农民的非农化转移，而且“以工建农”、“以工建镇”，农业现代化水平不断提高，大批小城镇迅速崛起。在 20 世纪 80 年代中后期，中央实行沿海开放战略，东南沿海地区利用临海的区位优势，加快了本地对外贸易的发展。

1978—1989 年的这段时间，我国产业结构的特征主要是国家在原有基础上的进一步工业化。在这一过程中也存在着不少问题，原材料工业、电力、运输等行业的产能严重不足，很多行业的生产能力也出现闲置，产业结构、产品结构、社会需求结构的不适应是制约经济增长的关键。1988 年,我国经济高速增长的主要增量来自乡镇企业、民营企业、三资企业等非国有经济。由于国有企业的机制未能转换,消费需求的压力又在不断加大,非国有企业利用这一夹缝获得长足的发展,弥补了国有企业的不足。

此时,我国的工业体系以轻纺工业(自行车、手表、缝纫机和纺织产品等)、轻型小家电为主要标志产品。相关的产业成为 20 世纪 80 年代中国经济高速增长的支柱产业。

1988 年在价格闯关引起高通货膨胀率的背景下,发生了大规模的抢购行为。居民消费心理对价格改革的承受力较弱,既不成熟也不稳定。以后几年价格改革循着"走小步,不停步"的方式展开,价格波动次数多、幅度小。经过几年的"调试",我国居民已经基本适应价格波动,消费心理趋于成熟和稳定。国家主要通过运用行政调控手段压缩经济来进行紧缩经济的货币和投资政策。

第二节 20 世纪 80 年代末到 90 年代末的经济

一、经济发展的基本特征(1990—1999 年)

至 1990 年,我国的改革开放已经推行了 10 多年,在这 10 多年的时间里,经济取得了巨大的进步,此时国内生产总值达到 18667.8 亿元,是 1978 年 3645.2 亿元的 5.1 倍;财政收入达到 2937.1 亿元,是 1978 年 1132.3 亿元的 2.6 倍;进出口总额达到 1154.4 亿美元,是 1978 年 206.4 亿美元的 5.6 倍;全国城乡居民储蓄存款余额达到 7119.8 亿元,比 1978 年 210.6 亿元增长 32.8 倍。人们生活水平得到了极大的提高。

20 世纪 90 年代是我国经济发展的关键时期,直接关系到我国今后经济发展的方向，但是我国进入 90 年代以来遭遇了前所未有的困境，如内需不足问题、国企改革问题、东西部差距问题以及“三农”问题等，这些因素导致我国经济不能持续快速增长。从 90 年代我国 GDP 的增长幅度能够看出我国在这一时期的经济增长特征，1992 年我国的国内生产总值的增长速度为 12.6%，到 90 年代中期时，我国的国内生产总值的增长速度下降到了 10.5%，至 90 年代末，我国的国内生产总值的增长速度为 7.1%，相较于 1992 年的增长速度下降了 5.5 个百分点。

1989—1991 年，我国的经济结构得到了一定程度的调整。1992—1993 年，由于改革的不断推进，经济开始出现过热的情况，主要表现在以下两个方面。①货币投放过量：1993 年上半年净投放现金高达 528 亿元。②高固定资产投资：1993 年我国 GDP 增长率为 13.5%，全社会固定资产投资总额为 13072.3 亿元，比 1992 年增长了 61.8%。此时，全国的物价总水平上涨幅度突破 10%。经济的适度增长对于国家的发展来说是有利的，但是如果经济一直处于过热的状态，势必会带来很多负面影响。基于此，1994 年国家开始采取一些宏观政策使经济适度降温，例如严格控制货币的发行、灵活利用利率杠杆、大力增加储蓄存款等，从而使我国的通货膨胀问题在 1996 年得到了基本的控制，此时经济增长的速度进一步下降，结构有所改善，GDP 达到 47884.6 亿元，增长率下降至 9.6%。通货膨胀现象被抑制，财政金融状况有所改善。

1997 年亚洲金融危机爆发，1998 年我国南方发生特大洪涝灾害，经济增长速度开始放缓，我国采取宏观经济手段防止经济过冷，从 1998 年开始，我国开始适度扩大投资需求，增加基础设施建设，积极扩大出口，保持合理的进口。停止福利分房，开始采取市场化运作，增加住房信贷，刺激经济；大力推进所有制改革，多方解决中小企业融资困难的问题。通过一系列政策，有效防止了经济紧缩，遏制了经济下滑，并且成功抵御了亚洲金融危机，实现经济的快速平稳发展。

市场改革的深入进行需要有理论来进行指导,20 世纪 90 年代初就关于如何区分姓“资”还是姓“社”方面的问题进行了讨论,这是一场关系改革成败的论战。邓小平的南方谈话提出计划和市场调节都是经济调节手段而不是判断制度的标准,认为计划经济不等于社会主义,市场经济也不等于资本主义,强调计划多一点还是市场多一点不是社会主义和资本主义的本质区别;并进一步提出改革开放是否成功的三个有利于标准:是否有利于发展社会主义社会的生产力,是否有利于增强社会主义国家的综合国力,是否有利于提高人民的生活水平。之后党的十四大确定把建立社会主义市场经济体制作为经济体制改革的目标,使市场对资源配置起基础性作用。至此,关于计划和市场的理论争论暂告结束。1993 年,八届全国人大一次会议将“国家实行社会主义市场经济”写入宪法。1997 年,党的十五大对社会主义初级阶段的所有制理论进行了创新和发展,系统阐述了公有制实现形式多样化的理论,肯定了非公有制经济是市场经济的重要组成部分。20 世纪 90 年代末,社会主义市场经济体制作为我国的基本经济制度已经初步确立。

改革开放之后,对外开放成为我国产业结构升级和经济增长的主要拉动力之一。1992 年国家加大吸引外资的政策举措,随后 1993 年吸引外资较 1992 年相比增长了 1.5%。1999 年国家明确提出“走出去”的战略,把“引进来”和“走出去”相结合,以期更好地利用国内、国外两种资源、两个市场。1990 年我国的出口贸易总额为 620.9 亿美元,进口总额为 533.5 亿美元,至 1999 年我国的出口贸易总额为 1949.3 亿美元,进口总额为 1657.0 亿美元。图 2-10 为我国 20 世纪 90 年代进出口情况。

20 世纪 90 年代我国对外贸易实现了第二次飞跃,1990—1999 年的出口年均增长 14%,1999 年出口世界排名第九位。

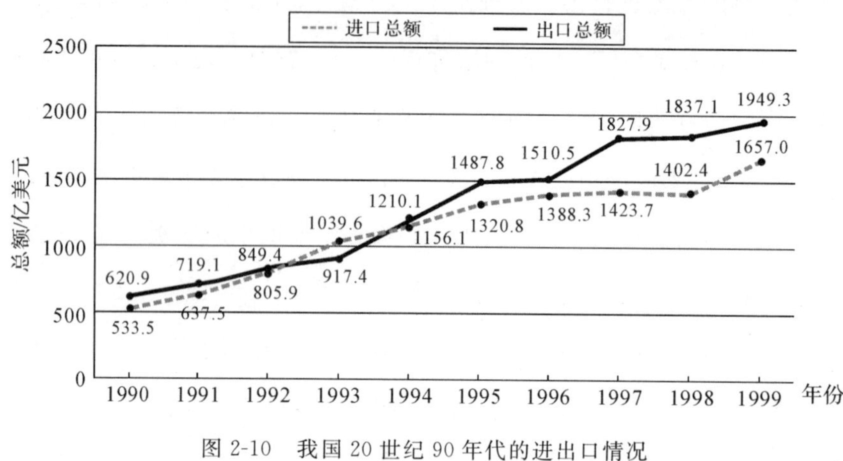

图 2-10　我国 20 世纪 90 年代的进出口情况

20 世纪 90 年代这一时期，我国不断深化对市场机制的认识，改变了以往的宏观调控采用行政命令和计划的手段，开始逐渐以经济和法律手段为主，以必要的行政命令方式为辅的调控手段，从而保证我国经济的快速发展。根据不同的经济形势，采取了不同的财政政策和货币政策，在 1993—1996 年这段时间里，国家采取的是适度从紧的财政政策，严格控制信贷规模和货币供应量的增长速度。1998 年之后采取的是积极的财政政策和稳健的货币政策，下调利率和加快利率市场化相结合，取消贷款限额，调整法定准备金率，从而控制了经济增长率并且将物价稳定在一定的水平。

二、居民消费方式的变化

在 20 世纪 90 年代之后，我国经济得到了进一步的发展，轻工业开始升级，人们的消费水平也逐渐迈向了一个新的阶段，在这一时期，我国的消费市场发生了剧烈变化，城镇和乡村的差距也开始逐渐增大。由于此时食品已经极大丰富，并且绝大多数农村居民也都已经解决了温饱问题，所以此时的居民逐渐开始注重美化生活等其他方面资料的消费。

1. 农村居民消费方式的变化

1990 年农村居民家庭平均生活消费支出为 562.84 元，其中家庭平均食品消费支出为 343.80 元，占家庭平均生活消费支出的 61.08%。相较于改革开放初期食品消费支出占居民家庭平均生活消费支出的 67.75%来说，居民在食品方面的消费已经逐渐降低了，这也从另外一个侧面反映出农村居民生存性的消费模式出现了一定程度的改善。与食品消费相对比的是此时农村居民的居住消费支出，20 世纪 90 年代初的家庭平均居住消费支出为 81.15 元，占家庭平均生活消费支出的 14.42%。

在农村居民家庭平均生活消费支出中，吃、穿、住、用等消费都呈现出不断增长的模式。20 世纪 90 年代末，农村居民家庭平均食品消费支出为 586.79 元，比 1989 年增长了 1 倍；衣着方面的家庭平均消费支出为 126.19 元，相较于 1989 年增长了 1.84 倍；农村家庭平均居住支出为 280.77 元，比 1989 年增长了 1.67 倍；家庭设备用品及服务家庭平均支出为 113.57 元，比 1989 年增长了 2.51 倍。其中，自行车、缝纫机、手表、收音机等，绝大多数农村居民都已经购买，新的家用电器也有逐渐普及的态势。90 年代中期，除了彩色电视机、收录机、电风扇、洗衣机外，还有一些农户购买了录像机、照相机、电冰箱等高档耐用物品。到 1995 年，全国已经有 92%以上的农民过上了温饱有余的生活。

表 2-7 是 1990—1999 年我国农村居民家庭平均生活消费支出情况。

表 2-7　1990—1999 年我国农村居民家庭平均生活消费支出　（单位：元）

指　标	1990 年	1992 年	1993 年	1994 年	1995 年	1996 年	1997 年	1998 年	1999 年
食　品	343.80	378.93	447.37	598.89	768.15	619.40	625.85	604.32	586.79
衣　着	44.03	52.72	55.44	70.15	89.76	165.07	155.25	136.77	126.19
居　住	81.15	104.78	107.03	142.35	182.14	271.97	284.62	281.49	280.77
家庭设备用品及服务	30.74	36.90	44.66	55.92	68.14	122.62	122.91	114.50	113.57

续表

指　标	1990 年	1992 年	1993 年	1994 年	1995 年	1996 年	1997 年	1998 年	1999 年
医疗保健	18.98	24.38	26.95	32.54	64.21	84.89	88.95	95.42	96.22
交通通信	8.42	12.52	17.71	24.40	34.07	69.17	77.63	85.88	94.64
文教娱乐用品及服务	31.38	43.49	58.52	75.24	102.21	193.37	213.47	224.24	231.90
其　他	4.34	5.27	12.32	17.29	44.17	45.59	48.52	47.71	47.32

注:1991 年数据缺失。

从表 2-7 中可以看出,从 1990 年至 1999 年,虽然人们的生活水平整体上升,但是食品消费依然在整个农村居民家庭平均生活消费支出中占有一定的比重,并且在 90 年代中期家庭平均食品消费的金额达到了这段时期的高点,随后家庭平均食品消费趋于稳定状态。

这一时期文教娱乐用品及服务在农村居民家庭平均生活消费中的比例也在不断上升,1990 年农村家庭平均文教娱乐用品及服务支出为 31.38 元,占家庭平均生活消费支出的 5.58%,1995 年农村居民家庭平均文教娱乐用品及服务支出为 102.21 元,占农村居民家庭平均生活消费支出的 7.56%,比 90 年代初期上升了 1.98 个百分点。通过分析表 2-7可以得出,90 年代中期之前农村居民家庭生活消费支出以食品、居住、文教娱乐用品及服务为主,90 年代中期之后消费增加的类别有衣着和家庭设备用品及服务。

农民收入的增加使得农村居民消费在满足温饱的同时向着改善生活质量的目标前进,逐渐改变传统的消费观念,消费呈现优质化趋向。食品方面支出中家庭平均主食的支出额在食品支出中的比重开始下降,并且在主食用粮的构成中,细粮的比重变得越来越大,以往农村居民消费粗粮是为了满足温饱,之后逐渐变成调节口味的需要。从以上可以看出,在农村居民家庭的消费支出中,食品类生活必需品的份额是随着时间的推进逐渐降低的,居民用于发展和享受方面的服务类支出逐渐上升。

表 2-8 是 1990—1999 年我国农村居民家庭平均生活消费比例情况。

表 2-8　1990—1999 年我国农村居民家庭平均生活消费比例　　（单位：%）

指　标	1990 年	1992 年	1993 年	1994 年	1995 年	1996 年	1997 年	1998 年	1999 年
食　品	61.08	57.50	58.12	58.90	56.78	39.40	38.70	38.00	37.20
衣　着	7.82	8.00	7.20	6.90	6.63	10.50	9.60	8.60	8.00
居　住	14.42	15.90	13.90	14.00	13.46	17.30	17.60	17.70	17.80
家庭设备用品及服务	5.46	5.60	5.78	5.50	5.04	7.80	7.60	7.20	7.20
医疗保健	3.37	3.70	3.50	3.20	4.75	5.40	5.50	6.00	6.10
交通通信	1.50	1.90	2.30	2.40	2.52	4.40	4.80	5.40	6.00
文教娱乐用品及服务	5.58	6.60	7.60	7.40	7.56	12.30	13.20	14.10	14.70
其　他	0.77	0.80	1.60	1.70	3.26	2.90	3.00	3.00	3.00

注：1991 年数据缺失。

以 1990 年至 1999 年这段时间来分析农村居民家庭平均生活消费支出构成的变化情况。

选取表 2-8 的部分数据，其中 1990 年食品、衣着、居住、家庭设备用品及服务、医疗保健、交通通信、文教娱乐用品及服务以及其他方面的支出分别占农村居民家庭平均生活消费支出的 61.08%、7.82%、14.42%、5.46%、3.37%、1.50%、5.58%和 0.77%。据此数据绘制饼状图 2-11。

由图 2-11 可知，在 20 世纪 90 年代初期时，食品以及居住方面的支出是农村居民生活消费支出的主要部分。由数据可以观察到 1995 年农村居民在食品方面的消费支出占 56.78%，为 768.15 元，消费支出高于 90 年代任一时期的水平。1994 年国家对粮食价格进行放开，从而导致食品价格上涨较快，农村居民家庭平均食品消费支出也随之增加，所以导致 1995 年农村居民家庭平均食品消费达到了最高水平。

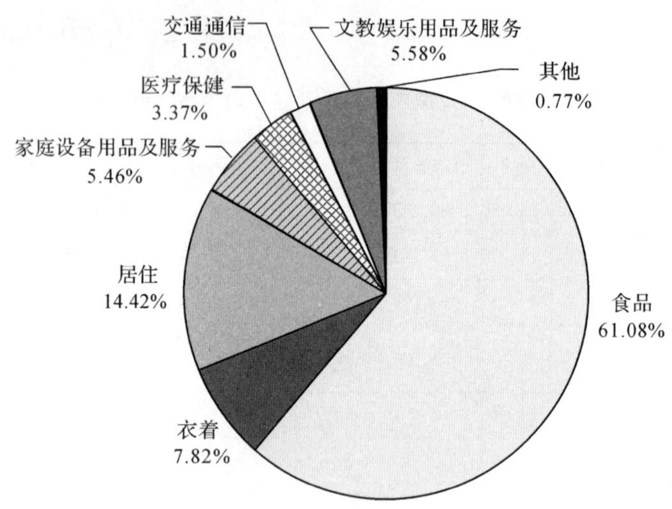

图 2-11　1990 年我国农村居民家庭平均生活消费支出构成

农村居民在娱乐方面的支出相较于 20 世纪 80 年代来说增加了很大的一部分，并且随着生活水平的提高，人们将会越来越意识到文化教育的重要性，伴随着文化教育市场化、货币化的扩大，今后，文教娱乐用品及服务的消费将会进一步增长。

1999 年，食品、衣着、居住、家庭设备用品及服务、医疗保健、交通通信、文教娱乐用品及服务以及其他方面的支出分别占农村居民家庭平均生活消费支出的 37.20％、8.00％、17.80％、7.20％、6.10％、6.00％、14.70％和 3.00％。据此数据绘制饼状图 2-12。

从以上数据可以看出，1990 年至 1999 年，农村居民人均生活消费中食品部分的消费支出下降 23.88 个百分点，衣着部分的消费上升了 0.18 个百分点，居住部分的消费提高了 3.38 个百分点，家庭设备用品及服务部分的消费提高了 2.79 个百分点，医疗保健部分的消费提高了 1.74 个百分点，交通通信部分的消费提高了 4.50 个百分点，文教娱乐用品及服务部分的消费提高了 9.12 个百分点。

在家庭设备用品及服务方面，根据《中国发展报告》的统计数据，农村居民

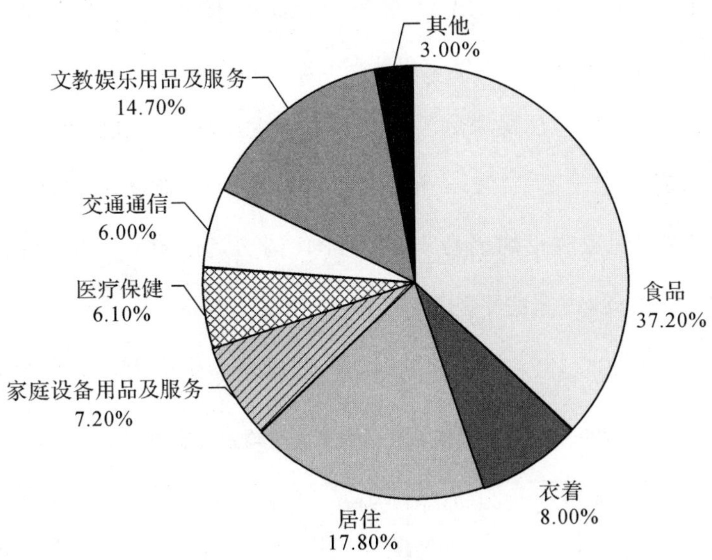

图 2-12　1999 年我国农村居民家庭平均生活消费支出构成

家庭在 20 世纪 90 年代初，电冰箱平均每百户拥有量为 1.22 台，洗衣机平均每百户拥有量为 9.12 台，彩色电视机平均每百户拥有量为 4.72 台；90 年代中期，农村居民家庭电冰箱平均每百户拥有量为 5.15 台，洗衣机平均每百户拥有量为 16.9 台，彩色电视机平均每百户拥有量为 16.92 台；至 1998 年，我国农村居民家庭电冰箱平均每百户拥有量为 9.25 台，洗衣机平均每百户拥有量为 22.81 台，彩色电视机平均每百户拥有量为 32.59 台；90 年代末农村居民家庭设备用品及服务的消费相较于 90 年代初有了很大的提高。

2. 城镇居民消费方式的变化

与农村居民生活消费水平形成对比的是城镇居民的生活消费支出情况，城镇居民家庭平均生活消费支出在 1990 年是 1279 元，其中家庭平均食品消费支出为 693.80 元，占平均生活消费支出的 54.24%；家庭平均衣着方面的支出为 170.86 元，占家庭平均生活消费支出的 13.36%；家庭平均文教娱乐用品及服务方面的支出为 142.2 元，占家庭平均生活消费支出的 11.12%；家庭设备用品及服务方面的家庭平均支出为129.68元，占家庭平均生活消费支出的10.14%；家庭平均居住方面的支出为89.27元，占家庭平均生活消费支出的6.98%。1995年，城镇居民家庭平均生活消费支出已经达到了3538元，其中家庭平均食品消费支出是1772.2元，占家庭平均生活消费支出的50.09%；至1999年，城镇居民家庭平均消费支出达到4615.95元，其中家庭平均食品消费支出为1932.00元，占家庭平均生活消费支出的41.85%。

表2-9是1990—1999年我国城镇居民家庭平均生活消费支出情况。

表2-9　1990—1999年我国城镇居民家庭平均生活消费支出　　(单位:元)

指　标	1990年	1992年	1993年	1994年	1995年	1996年	1997年	1998年	1999年
食　品	693.80	883.70	1058.20	1422.50	1772.20	1904.70	1942.60	1927.00	1932.00
衣　着	170.86	235.41	300.61	390.38	479.34	528.00	520.90	480.90	482.40
居　住	89.27	99.68	140.01	193.16	283.80	300.90	358.60	408.40	453.90
家庭设备用品及服务	129.68	140.68	184.96	251.42	263.40	298.20	316.90	356.83	395.50
医疗保健	25.71	41.51	56.89	82.89	110.10	143.30	179.70	205.20	245.60
交通通信	15.35	44.17	80.63	132.68	183.22	199.12	232.90	257.20	310.55
文教娱乐用品及服务	142.20	147.45	194.01	250.75	331.01	374.95	448.40	499.40	567.10
其　他	12.13	79.40	95.69	127.22	114.93	170.53	186.00	197.10	228.90

注:1991年数据缺失。

从表2-9中可以看出，从1990年至1999年，城镇居民的消费日益多样化，以往食品方面的消费支出占主要地位，绝大部分的消费支出都是用于食品消费，1990年之后城镇居民在衣着、居住、家庭设备用品及服务、文教娱乐用品及服务方面都加大了消费支出。

这一现象可以用马斯洛的需要层次理论来解释，当人们满足了基本的生存需要时，就会追求更高一层次的需要，在20世纪80年代主要追求的是消费的数量，当这一需要被满足时，消费者就会进一步追求消费的质量，所以会不断增加例如文教娱乐用品及服务等方面的享受资料的支出。

食品消费从1990年的693.80元增加到1999年的1932.00元，增长了约1.78倍，表明随着人们生活水平的提高，食品方面的支出在原来基础上大幅度增加，并且食品消费的质量也不仅仅停留在过去的水平，呈现出跳跃性的增长。

在衣着消费方面，以往注重衣着的使用寿命等，20世纪90年代城镇居民对高级衣料的需求逐渐上升，居民在消费过程中更加注重衣着的外观，更多地从是否美观来进行考虑。城镇居民的衣着消费从1990年的170.86元增长到1996年的528.00元，衣着消费支出一直呈现增加的态势，而在1996年到1999年的这几年时间里，城镇居民的衣着平均消费支出开始下降，考虑其原因应该是居民此时用于其他发展和享受资料方面的支出较多。

家庭设备用品及服务方面的消费从1990年的129.68元增加到1999年的395.50元，城镇居民家庭使用的电器也进一步更新换代，以往家庭使用黑白电视机，这时绝大多数家庭开始使用彩色电视机、电冰箱、洗衣机。据统计，20世纪90年代初，我国城镇居民家庭电冰箱平均每百户拥有量为42.33台，洗衣机平均每百户拥有量为78.41台，彩色电视机平均每百户拥有量为59.04台。90年代中期，我国城镇居民家庭电冰箱平均每百户拥有量为66.22台，洗衣机平均每百户拥有量为88.97台，彩色电视机平均每百户拥有量为89.79台。至1998年，我国城镇居民家庭电冰箱平均每百户拥有量为76.08台，洗衣机平均每百户拥有量为90.57台，彩色电视机平均每百户拥有量为105.43台。从这些数据中我们可以看到，电冰箱、洗衣机、彩色电视机“三大件”在90年代时基本已经在城镇普及。

我国城镇居民在20世纪80年代末至90年代末的这段时间里消费需求呈现多样化，消费层次相较于之前有了大幅度的提高，食品、衣着、居住、家庭设备用品及服务、文教娱乐用品及服务等为主要消费品，这一时期的医疗保健以及交通通信消费比重相对来说还是比较低的。

表 2-10 是 1990—1999 年我国城镇居民家庭平均生活消费比例。

表 2-10　1990—1999 年我国城镇居民家庭平均生活消费比例　（单位：%）

指　标	1990 年	1992 年	1993 年	1994 年	1995 年	1996 年	1997 年	1998 年	1999 年
食　品	54.24	52.85	50.13	49.89	50.09	48.59	46.41	44.48	41.85
衣　着	13.36	14.08	14.24	13.69	13.55	13.47	12.44	11.10	10.45
居　住	6.98	5.96	6.63	6.78	8.02	7.68	8.57	9.43	9.83
家庭设备用品及服务	10.14	8.41	8.76	8.82	7.44	7.61	7.57	8.24	8.57
医疗保健	2.01	2.48	2.70	2.91	3.11	3.66	4.30	4.74	5.32
交通通信	1.20	2.64	3.82	4.65	5.18	5.08	5.56	5.94	6.73
文教娱乐用品及服务	11.12	8.82	9.19	8.80	9.36	9.56	10.71	11.53	12.29
其　他	0.95	4.76	4.53	4.46	3.25	4.35	4.44	4.54	4.96

注：1991 年数据缺失。

以 1990 年至 1999 年这段时间来分析城镇居民家庭平均生活消费支出构成的变化情况。

选取表 2-10 的部分数据，其中，1990 年食品、衣着、居住、家庭设备用品及服务、医疗保健、交通通信、文教娱乐用品及服务以及其他方面的支出分别占城镇居民家庭平均生活消费支出的 54.24%、13.36%、6.98%、10.14%、2.01%、1.20%、11.12%和 0.95%。据此数据绘制饼状图 2-13。

1999 年食品、衣着、居住、家庭设备用品及服务、医疗保健、交通通信、文教娱乐用品及服务以及其他方面的支出分别占城镇居民家庭平均生活消费支出的 41.85%、10.45%、9.83%、8.57%、5.32%、6.73%、12.29%和 4.90%。据此数据绘制饼状图 2-14。

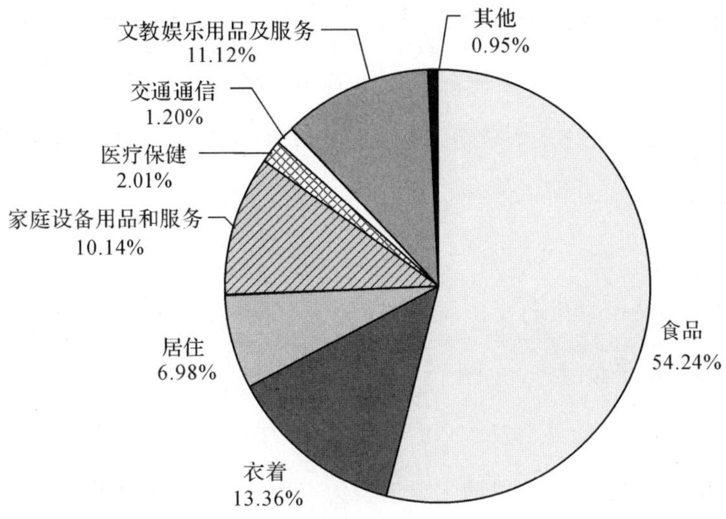

图 2-13 1990 年我国城镇居民家庭平均生活消费支出构成

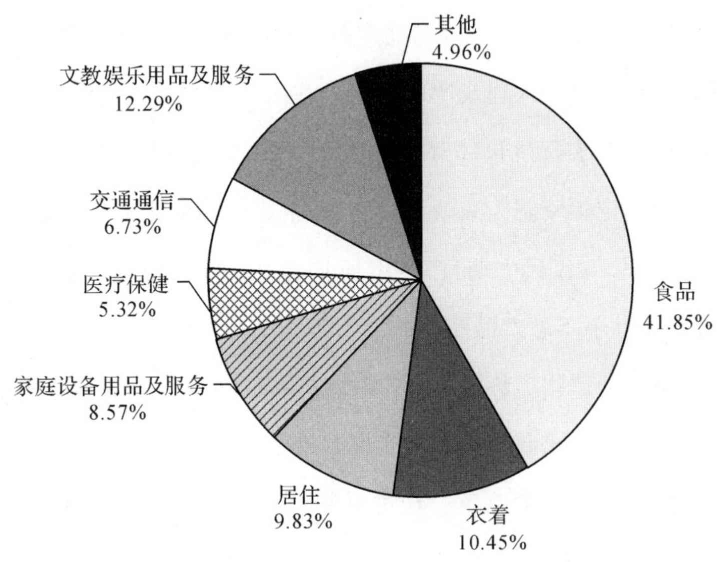

图 2-14 1999 年我国城镇居民家庭平均生活消费支出构成

由上面的数据分析可见，1990 年至 1999 年，在城镇居民家庭平均生活消费中，食品部分的消费下降了 12.39 个百分点，衣着部分的消费下降了 2.91 个百分点、居住部分的消费提高了 2.85 个百分点、家庭设备用品及服务部分的消费下降了 1.57 个百分点、医疗保健部分的消费提高了 3.31 个百分点、交通通信部分的消费提高了 5.53 个百分点、文教娱乐用品及服务部分的消费提高了 1.17 个百分点。

3. 分析

在 20 世纪 90 年代的这段时间里，城镇居民的消费热点是住房及装饰用品、家用电器、电子信息产品及服务。虽然在 80 年代城镇居民的住房条件可以基本满足需要，但是随着消费水平的提高，城镇居民需要进一步改善居住条件。汽车消费开始出现，农村居民的主要消费为家用电器、服务和改善居住条件。

三、市场结构的基本特征

20 世纪 90 年代初，苏南主动与浦东开放相呼应，先后建立起了大批各类开发园区，并迅速将开发园区建成产业高地。苏南各地的乡镇政府在乡镇企业中推行了“一包三改”(实行承包经营责任制、改干部委任制为聘任制、改职工录用制为合同制、改固定工资制为滚动工资制)和企业内部审计制等多项制度。

到了 20 世纪 90 年代中期，产品市场开始由卖方市场向买方市场转变，原本在短缺经济条件下不愁产品销路的劳动密集型企业不得不面临产能过剩、产品积压、效益滑坡的严峻形势。于是，在外部市场不景气、内部经营机制不灵活的情况下，开始进行企业制度创新。苏南乡镇企业终于突破了“集体为主”的所有制框架，实施了产权制度改革。经过改制，乡镇企业的产权主体由原来的乡镇政府和村集体转换为作为产权所有者的职工代表和私营企业主，以多元化产权主体为特征的混合所有制在苏南乡镇企业中得到了普遍的推行。外资和民间资本大量注入乡镇企业，还出现了城市企业进入乡镇企业集团、乡镇企业进入城市企业集团的新趋势，城乡企业的界限已明显淡化，原来乡办乡有、村办村有的“社区经济”逐渐被突破，农村工业也在结束了“小、散、乱”的布局和结构状态的同时，与改制和改组后的城市工业一起向园区集中，城乡工业也因此逐渐融合、联动发展。

20 世纪 90 年代后期，市场机制不断完善，促进农村经营朝着专业化、组织化、一体化方向发展，农村经营方式发生了变化，过去传统的经营模式得到改变。同时，农民收入来源不断多元化，来自畜牧业、务工、乡镇企业、家庭经营等方面的收入已经成为农民收入的主要渠道。农村的税费改革，废除了几千年的税收制度，农民在收入增加的同时，负担得到明显减轻。

第三节　20 世纪 90 年代末到 2013 年的经济

一、经济发展的基本特征(2000—2013 年)

经过 20 年的高速增长，进入 21 世纪之后我国开始实行战略性的调整，初期阶段，开始逐渐以投资和消费来扩大国内的需求。2000 年，我国累计实现国内生产总值 99214.6 亿元，全年的增速保持在 7%～8%的水平，初步扭转了 90 年代末期通货紧缩的现象，抑制了价格总水平的下降。

我国于 2001 年 11 月加入了世界贸易组织(WTO)，标志着我国对外开放进入了一个新的阶段，外商直接投资实现了每年 20%左右的增长，之后在更大范围内参与国际经济合作与竞争，全球一体化的进程加快。我国的对外贸易在这个阶段也上升到了一个新的台阶，2002 年我国的进出口贸易额为 6207.7 亿美元，2003 年我国的进出口贸易额为 8509.9 亿美元。

2002 年我国经济体制改革取得了历史性的进展，以公有制为主体，多种所有制经济共同发展的经济制度得以确立。

2003年之后我国的经济增长开始加速,GDP增长率达到10%,经济总量以及人均收入水平都得到大幅度的提高。城镇居民家庭人均可支配收入达到8472.2元,农村居民家庭人均可支配收入达到2622元。2004年的GDP增长率为10.1%,经济发展状况良好。但是此时经济中的一些结构性矛盾开始突显,例如在某些行业中,固定资产投资规模偏大。也许正是由于投资规模的增大,导致2004年出现粮食价格和房价上涨的情况。

2006年到2007年国民经济总体情况较好,此时经济中的结构性问题依然突出,外贸顺差以及信贷的规模都较大,此时通货膨胀的压力加大。

2008年的经济形势发生了很大的改变,国内《劳动合同法》的施行和民工荒引发劳动力成本提高,经济过热以及通货膨胀问题比较突出,出口的增长速度由于次贷危机的深化并在当年9月份演变成一场被格林斯潘称为“百年一遇的金融海啸”而出现回落,尽管如此,到2008年,我国的进出口总额仍达到25616亿美元。

到2013年,我国经济体制基本实现转型,提升了综合实力,我国已在2010年超越日本,成为世界第二大经济体,实现了从低收入国家到中等收入国家的转变。城乡经济在一定程度上协调发展,居民生活水平得到了显著的提高。并且我国的开放型经济进一步改善,进出口总额世界第二,出口总额世界第一。

二、居民消费方式的变化

改革开放以来我国居民生活水平不断提高,商品市场从原来的供不应求转变成供过于求,卖方市场逐渐切换为买方市场,居民具有更大的选择空间,2000年农村居民家庭平均生活消费支出为1670.1元,而在2013年农村居民家庭平均生活消费支出达到6625.5元,其中农村居民家庭用于食品消费方面的支出比例还是相当大的,但是总体来说相较于20世纪的生活消费水平有了很大的提高。

1. 农村居民消费方式的变化

21 世纪初期农村居民的消费主要用于食品、居住、文教娱乐用品及服务方面。衣着、家庭设备用品及服务、医疗保健、交通通信方面的消费支出不多。此时农村居民除了最基本的吃、穿、用和住以外,对工业品的消费,尤其是对耐用消费品的消费,相较于城镇居民来说还存在着很多不足。

表 2-11 为 2000—2013 年我国农村居民家庭平均生活消费支出情况。

表 2-11　2000—2013 年我国农村居民家庭平均生活消费支出　(单位:元)

指　标	2000 年	2002 年	2004 年	2006 年	2008 年	2010 年	2012 年	2013 年
食　品	820.0	848.4	1031.9	1217.0	1598.7	1800.7	2323.9	2495.5
衣　着	95.2	105.0	120.2	168.0	211.8	264.0	369.4	438.3
居　住	258.3	300.2	324.3	469.0	678.8	835.2	1086.4	1233.6
家庭设备用品及服务	75.5	80.4	89.2	126.6	174.0	234.1	341.7	387.1
医疗保健	87.6	103.9	130.6	191.5	246.0	326.0	513.8	614.2
交通通信	93.1	128.5	192.6	288.7	360.2	461.1	652.8	796.0
文教娱乐用品及服务	186.7	269.0	247.6	305.1	314.5	366.7	445.5	486.0
其　他	53.7	—	47.6	63.1	76.7	94.0	174.5	174.8

注:表中部分年份和数据缺失。

2013 年农村居民家庭平均食品消费支出为 2495.5 元,比 2000 年增长了 2.04 倍;衣着方面的家庭平均消费支出为 438.3 元,相较于 2000 年增长了 3.60 倍;家庭平均居住支出为 1233.6 元,比 2000 年增长了 3.78 倍;家庭设备用品及服务家庭平均消费支出为 387.1 元,比 2000 年增长了 4.13 倍。此时农村居民的消费层次正处于对彩色电视机、电冰箱等耐用消费品的需求阶段。

表 2-12 为 2000—2013 年我国农村居民家庭平均生活消费比例。

表 2-12　2000—2013 年我国农村居民家庭平均生活消费比例　（单位:%）

指　标	2000 年	2002 年	2004 年	2006 年	2008 年	2010 年	2012 年	2013 年
食　品	49.09	46.22	47.25	43.02	43.67	41.09	39.33	37.66
衣　着	5.70	5.72	5.50	5.94	5.78	6.02	6.25	6.62
居　住	15.47	16.36	14.85	16.58	18.54	19.06	18.39	18.62
家庭设备用品及服务	4.52	4.38	4.08	4.48	4.75	5.34	5.78	5.84
医疗保健	5.25	5.66	5.98	6.77	6.72	7.40	8.70	9.27
交通通信	5.57	7.00	8.82	10.21	9.83	10.52	11.05	12.01
文教娱乐用品及服务	11.18	14.66	11.34	10.78	8.59	8.37	7.55	7.34
其　他	3.22	—	2.18	2.22	2.12	2.20	2.95	2.64

注:表中部分年份数据缺失。

食品方面的消费支出所占比重呈下降趋势,2013 年在农村居民家庭平均生活消费支出中,食品方面的支出仅占 37.66%,比 2000 年下降了 11.43 个百分点。2000 年到 2010 年,我国农村居民家庭的恩格尔系数处于 40%～50%,我国农村居民家庭生活水平为小康水平。而 2012 年我国农村居民家庭的恩格尔系数已经降为 40%以下,说明自 2012 年开始我国农村居民家庭生活开始逐渐达到富裕水平。

衣着方面的消费支出在消费结构中的比重由 2000 年的 5.70%上升到 2013 年的 6.62%,上升了 0.92 个百分点;居住方面的消费比重由 2000 年的 15.47%上升到 2013 年的 18.62%,上升了 3.15 个百分点;家庭设备用品及服务方面的消费比重从 2000 年的 4.52%上升到 2013 年的 5.84%,上升了 1.32 个百分点;医疗保健方面的消费比重从 2000 年的 5.25%上升到 2013 年的 9.27%,上升了 4.02 个百分点。

从以上数据可以看出,进入 21 世纪之后,农村居民家庭在生存资料方面的支出比重开始下降,而发展资料和享受资料的比重开始上升。医疗保健、交通通信、文教娱乐用品及服务方面的支出比例在 2000 年的时候占消费比重为 22.00%，在 2013 年所占比重为 28.62%，交通通信方面的增速较快，是农村居民消费的热点。

农村居民的消费结构得到了很大的调整，耐用消费品的拥有量极大提高。2000 年，农村居民平均每百户拥有电冰箱 12.3 台、洗衣机 28.6 台、空调 1.3 台、固定电话 26.4 台、移动电话 4.3 台。到 2013 年，农村居民平均每百户拥有电冰箱 72.9 台、空调 29.8 台、移动电话 199.5 部。

以 2000 年至 2013 年这段时间为例，来分析农村居民家庭平均生活消费支出构成变化情况。

选取表 2-12 的部分数据，其中 2000 年食品、衣着、居住、家庭设备用品及服务、医疗保健、交通通信、文教娱乐用品及服务以及其他方面的支出分别占农村居民家庭平均生活消费支出的 49.09%、5.70%、15.47%、4.52%、5.25%、5.57%、11.18%和 3.22%。据此数据绘制饼状图 2-15。

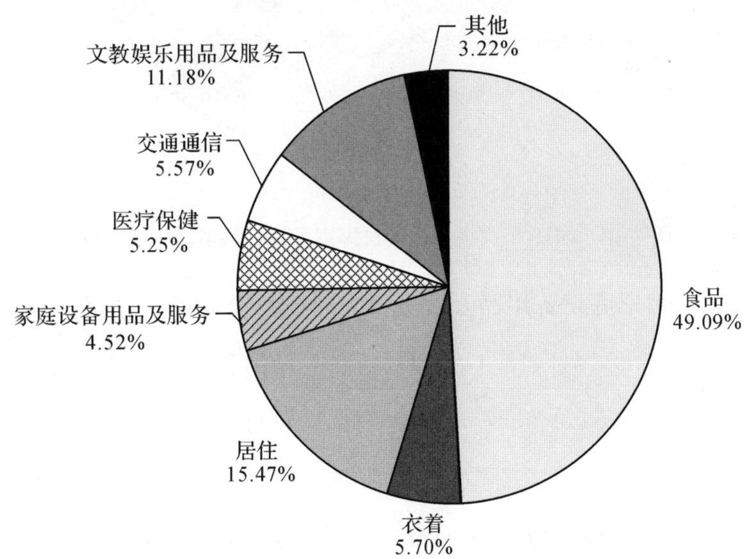

图 2-15　2000 年我国农村居民家庭平均生活消费支出构成

由图 2-15 可知，在 2000 年时，食品、居住、文教娱乐用品及服务方面的支出是农村居民生活消费支出的主要部分。衣着、医疗保健、家庭设备用品及服务、交通通信等方面的支出基本处于同一水平。

2013 年食品、衣着、居住、家庭设备用品及服务、医疗保健、交通通信、文教娱乐用品及服务以及其他方面的支出分别所农村居民家庭平均生活消费支出的 37.66%、6.62%、18.62%、5.84%、9.27%、12.01%、7.34%和 2.64%。据此数据绘制饼状图 2-16。

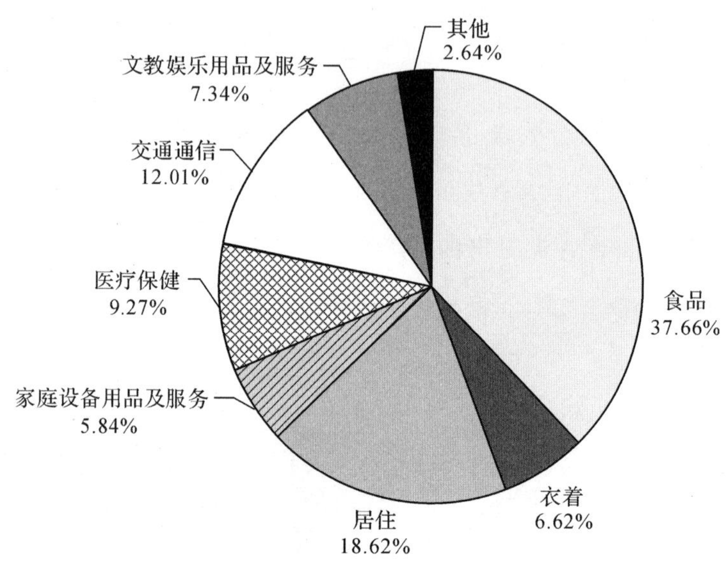

图 2-16　2013 年我国农村居民家庭平均生活消费支出构成

衣着、居住、家庭设备用品及服务、医疗保健、交通通信方面消费支出比重分别从 2000 年的 5.70%、15.47%、4.52%、5.25%和 5.57%上升至 2013 年的 6.62%、18.62%、5.84%、9.27%和 12.01%。农村住房消费增长较快，人均住房面积从 2000 年的 24.8 平方米增加到 2012 年的 37.1 平方米，增长了 49.60%。农村建房面积增加，并且建房的质量也开始提高，钢筋混凝土结构和砖木结构的住房渐渐增多。根据表 2-12 的数据可以看出交通通信的增长比例相对来说是比较大的。在20世纪90年代仅有少部分人消费的手机,到2000年已经开始变得普遍起来。农村居民家庭平均交通通信消费从2000年的93.1元增长到2013年的796.0元。

2. 城镇居民消费方式的变化

与农村居民生活消费水平形成对比的是城镇居民的生活消费情况,城镇居民家庭平均生活消费支出在2000年是4998元,其中家庭平均食品消费支出为1971.3元,占家庭平均生活消费支出的39.44%;家庭平均衣着方面的支出为500.5元,占家庭平均生活消费支出的10.01%;家庭平均居住方面的支出为565.3元,占家庭平均生活消费支出的11.31%;家庭设备用品及服务方面的家庭平均支出为374.5元,占家庭平均生活消费支出的7.49%;家庭平均医疗保健方面的消费支出为318.1元,占家庭平均生活消费支出的6.36%;家庭平均交通通信方面的支出为426.9元,占家庭平均生活消费支出的8.54%;家庭平均文教娱乐用品及服务方面的支出为669.6元,占家庭平均生活消费支出的13.39%。

由数据可以看出,城镇居民的文教娱乐用品及服务方面的支出已经超过了居住支出的比例,属于居民消费的第二大项支出,这也是城镇居民在进入21世纪之后生活水平进一步提高的一种表现。

表2-13是2000—2013年我国城镇居民家庭平均生活消费支出情况。

表2-13　2000—2013年我国城镇居民家庭平均生活消费支出　(单位:元)

指　标	2000年	2002年	2004年	2006年	2008年	2010年	2012年	2013年
食　品	1971.3	2271.8	2709.6	3111.9	4259.8	4804.7	6040.9	6311.9
衣　着	500.5	590.9	686.8	901.8	1165.9	1444.3	1823.4	1902.0
居　住	565.3	624.4	733.5	904.2	1145.4	1332.1	1484.3	1745.1
家庭设备用品及服务	374.5	388.7	407.4	498.5	691.8	908.0	1116.1	1215.1
医疗保健	318.1	430.1	528.2	620.5	786.2	871.8	1063.7	1118.3

续表

指　标	2000年	2002年	2004年	2006年	2008年	2010年	2012年	2013年
交通通信	426.9	626.0	843.6	1147.1	1417.0	1983.7	2455.5	2736.9
文教娱乐用品及服务	669.6	902.3	1032.8	1203.0	1358.3	1627.6	2033.5	2294.0
其　他	171.8	195.8	240.1	310.0	418.6	498.8	656.6	699.3

到2006年时，城镇居民家庭平均生活消费支出已经达到了8697元，其中家庭平均食品消费支出是3111.9元，占家庭平均生活消费支出的35.78%。交通通信方面的支出从2000年的426.9元增加到2006年的1147.1元，表明进入21世纪之后交通以及信息消费在城镇居民消费中所占的比重是非常大的，居民生活变得比以前更加便捷。

至2013年城市居民的家庭平均生活消费水平达到18022.6元，家庭平均食品消费支出是6311.9元，占家庭平均生活消费支出的35.02%；衣着方面的支出是1902.0元，占家庭平均生活消费支出的10.55%；居住方面的支出是1745.1元，占家庭平均生活消费支出的9.68%；家庭设备用品及服务方面的支出是1215.1元，占家庭平均生活消费支出的6.74%；医疗保健方面的支出是1118.3元，占家庭平均生活消费支出的6.21%；交通通信方面的支出是2736.9元，占家庭平均生活消费支出的15.19%；文教娱乐用品及服务方面的支出是2294.0元，占家庭平均生活消费支出的12.73%；其他方面的支出是699.3元，占家庭平均生活消费支出的3.88%（见表2-14）。

表2-14　2000—2013年我国城镇居民家庭平均生活消费比例　（单位：%）

指　标	2000年	2002年	2004年	2006年	2008年	2010年	2012年	2013年
食　品	39.44	37.67	37.72	35.78	37.88	35.67	36.23	35.02
衣　着	10.01	9.79	9.56	10.37	10.37	10.72	10.94	10.55
居　住	11.31	10.35	10.21	10.40	10.19	9.89	8.90	9.68

续表

指　标	2000 年	2002 年	2004 年	2006 年	2008 年	2010 年	2012 年	2013 年
家庭设备用品及服务	7.49	6.44	5.67	5.73	6.15	6.74	6.69	6.74
医疗保健	6.36	7.13	7.35	7.13	6.99	6.47	6.38	6.21
交通通信	8.54	10.38	11.75	13.19	12.60	14.73	14.72	15.19
文教娱乐用品及服务	13.39	14.96	14.38	13.83	12.08	12.08	12.20	12.73
其　他	3.46	3.28	3.36	3.57	3.74	3.70	3.94	3.88

注:部分年份数据缺失。

以 2000 年至 2013 年这段时间为例,来分析城镇居民家庭平均生活消费支出构成变化情况。

选取表 2-14 的部分数据,其中 2000 年食品、衣着、居住、家庭设备用品及服务、医疗保健、交通通信、文教娱乐用品及服务以及其他方面的支出分别占城镇居民家庭平均生活消费支出的 39.44%、10.01%、11.31%、7.49%、6.36%、8.54%、13.39%和 3.46%。据此数据绘制饼状图 2-17。

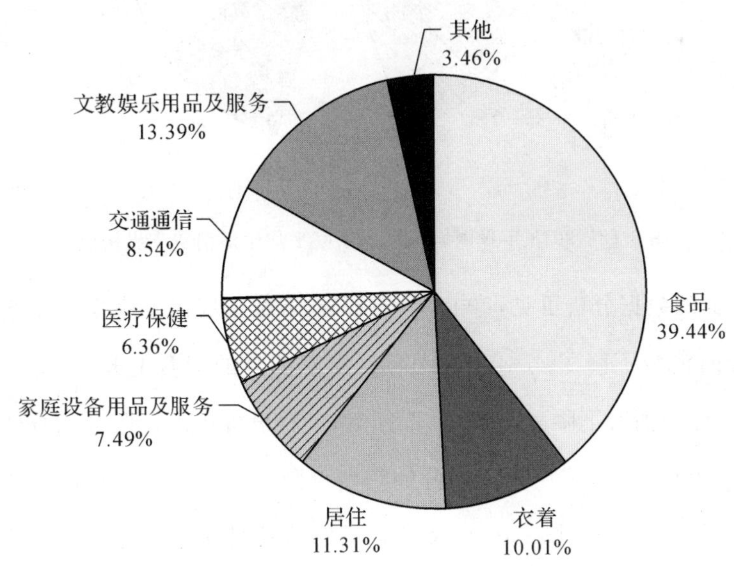

图 2-17　2000 年我国城镇居民家庭平均生活消费支出构成

由图 2-17 可知，在 2000 年时，食品、文教娱乐用品及服务、居住方面的支出是城镇居民家庭平均生活消费支出的主要部分，居民的消费方式逐渐多元化，不再单一地以食品和衣着为主。

2013 年食品、衣着、居住、家庭设备用品及服务、医疗保健、交通通信、文教娱乐用品及服务以及其他方面的支出分别占城镇居民家庭平均生活消费支出的 35.02％、10.55％、9.68％、6.74％、6.21％、15.19％、12.73％和 3.88％。据此数据绘制饼状图 2-18。

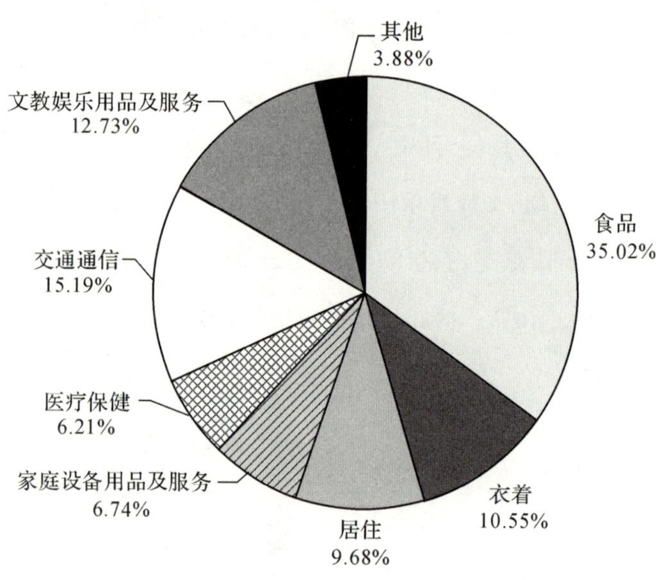

图 2-18　2013 年我国城镇居民家庭平均生活消费支出构成

由上面的数据分析可见，2000 年至 2013 年城镇居民家庭平均生活消费中食品部分的消费下降了 4.42 个百分点，衣着部分的消费上升了 0.54 个百分点、居住部分的消费下降了 1.63 个百分点，家庭设备用品及服务部分的消费下降了 0.75 个百分点，医疗保健部分的消费下降了 0.15 个百分点、交通通信部分的消费提高了 6.65 个百分点、文教娱乐用品及服务部分的消费下降了 0.66 个百分点。

3.分析

进入21世纪之后,城镇居民的消费热点是交通通信以及文教娱乐用品及服务。根据比例情况可以看出,尤其突出的是交通通信部分的增长。

随着汽车工业品进入普通家庭,我国的工业生产能力已经完全能够满足市场的需要。地方政府开始进行产能转移,逐渐淘汰落后的部分,2015年起施行的史上最严的《环保法》也释放了我国当前不再需要像过去那样进行规模扩张的信号,去产能化逐渐成为一种趋势,主要目的是限制传统工业扩张的发展模式。

三、市场结构的基本特征

计划经济被实践证明在资源配置上是低效的,虽然计划经济在新中国成立初期极大地积累了物质资料,但是同时由于它的低效也造成了资源的浪费。

这个时期的基本特征包括:第一,第一轮国有企业改革基本结束,国有企业从竞争性的行业逐步退出,进入垄断性行业。第二,2005年7月25日起,汇率制度改革,人民币对美元单边升值。第三,2008年开始,《劳动合同法》正式实施,加上春节后民工荒的出现,劳动力成本迅速上升。同时土地成本等快速上涨,国际原油价格首次超过140美元/桶。劳动密集型企业的成本优势开始消失。第四,2008年下半年世界性金融危机爆发,世界性救市政策出台,美国出台量化宽松政策,中国国务院出台4万亿元投资政策救市,房地产迅速升温。经济快速增长,经济结构开始恶化。第五,党的十八大和十八届三中全会提出市场在资源配置中起决定性作用,要处理好政府和市场的关系,使市场在资源配置中起决定性作用和更好地发挥政府的作用。

本章小结

1979—2013年，是中国经济体制改革的35年，是经济快速增长的35年。这35年是“最好的时代”，也是“最坏的时代”。

说它是“最好的时代”，是因为在这段时间完成了：第一，百姓的生活水平迅速提高，短短的35年时间，中国人完成了从满足吃饱穿暖的生存需要到居住条件得到根本改善、汽车进入普通家庭的传统工业化过程的转换；第二，基础设施根本性改观，以高速公路为代表的基础设施形成全国网络；第三，经济活动总量从2010年起超越日本，位居世界第二，综合国力迅速提升。

说它是“最坏的时代”，是因为在这35年的改革过程中，第一，中国的传统文化被市场经济大潮冲击，马克思主义的价值观念被西方的各种思潮冲击，社会价值观逐渐混乱。第二，经济体制改革是以游戏规则的不断改变为基础的，在游戏规则不断改变的时期，人们失去了追逐长期利益的动机，行为短期化，市场经济的诚信基础崩溃。第三，地方政府主导型的经济发展模式缺乏市场精神，追求规模扩张的政绩观造成了经济严重的结构性失衡，低端产品严重过剩，高端产品供给严重不足。同时，在发展过程中，产品低端、研发能力低下、技术含量不足、经济结构不合理，造成经济发展不平衡、贫富差距大等。这些表明，中国的经济家像“一个巨大的胖子，但是严重缺钙”！中国进入了一个必须要调整结构，经济转型的时期。

第三章

新常态与「三期叠加」

改革开放以来，我国经济保持高速增长已经超过30年，成为世界第二大经济体。但是过去我们的增长方式是粗放型的，主要是利用人口红利、资源红利以及依靠中央集权制度所特有的整合资源的能力来推动经济的发展，这种发展是以政府投资、高储蓄和劳动密集型产品的出口为基础的，难以继续维持。随着劳动供求关系等基础条件的变化，投资增长速度放缓，原有的增长动力逐渐消失，新的动力能否形成还有很大的不确定性，这些都对制度安排和经济政策提出了新的挑战。所有的这些都表明，中国经济进入了一个新的历史时期，这个时期的基本特征就是“三期叠加”和经济增长动能转化。

第一节　三期叠加

2013年9月11日，在大连召开的夏季达沃斯论坛上，李克强首次公开、系统地阐述了新的经济思路和经济政策取向，包括三方面的内容：政府不再推出大规模的刺激经济的政策；去杠杆化，削减债务；推行经济结构改革。提出这些新的思路是因为我国的经济形势目前隐藏着巨大的风险，改革到了非常关键的阶段。

一、经济发展的新思路提出背景

第一，环保形势不容乐观。环境的压力会制约经济的发展，这是一个世界性的问题，但是在我国目前所处的阶段，这个矛盾无疑非常突出，以对环境友好的方式实现经济增长刻不容缓。

第二，在GDP唯上的评价体系下，我国很多行业都出现了产能过剩尤其是低端产能严重过剩的现象。根据国务院2013年10月发布的《关于化解产能严重过剩矛盾的指导意见》中的信息，如果产能过剩问题得不到及时治理，“将造成行业亏损面扩大、企业职工失业、银行不良资产增加、能源资源瓶颈加剧、生态环境恶化等问题,直接危及产业健康发展,甚至影响到民生改善和社会稳定大局”。

第三,我国能源消耗非常高,同时能效很低。我国的能源消费结构仍然以煤炭为主,根据国家统计局的数据,2014 年我国煤炭消耗量虽然有所下降,但是仍然占能源消耗总量的 66%。要治理大气污染、减少温室气体排放,必须从源头减少煤炭消耗,特别是要减少高硫、低热值煤炭的消耗。

第四,我国房地产业存在诸多问题,例如住房价格相对于居民收入而言过高。国际公认的合理的居民家庭收入与住房价格比即收入房价比为 1∶3～1∶6。2014 年北京的收入房价比为 1∶14.5,上海为 1∶12.1,广东为 1∶8.4,海南地区为 1∶12.3。高房价已经是悬在中国经济头上的“达摩克利斯之剑”。

所有这些问题都说明我们无法以同样的方式继续维持经济的高速增长,今后中低速的增长将成为常态。中国经济进入一个新的历史时期。2014 年 2 月 22 日,《瞭望》杂志发表了《十八大以来习近平同志关于经济工作的重要论述》,文中将国内的经济大势归纳为“经济增长速度换挡期、结构调整阵痛期、前期刺激政策消化期”。这就是所谓的“三期叠加”。这一重要判断最早是习近平总书记在 2013 年上半年中央政治局讨论经济形势分析会上提出的,2014 年第二季度他在中央政治局会议上对“三期叠加”进行了全面系统的分析,并强调开展经济工作必须认清“三期叠加”阶段的特征和工作要求。所以,关于“三期叠加”的论述一方面是对目前我国经济现状的一种客观描述,另一方面也从侧面提出政府需要完成的工作目标。对这些形势的正确认识,有利于我们在宏观决策方面做出正确的判断。

二、“三期叠加”的具体解释

首先,经济增长速度换挡期。这是由经济发展的客观规律决定的,其意是说高速增长无法继续维持，因为支撑的动力已经丧失。这包含三方面的意思：一是增长速度的换挡。前些年 GDP 高速增长，年平均增长率在 10%以上，这种高速度的增长是以资源的高消耗、环境的高污染和资金的高投入换来的，成本太高，代价太大。2007 年我国经济增长率曾达到 14.2%，2008 年下滑到 9.6%，2014 年又进一步下降至 7.4%，2015 年我国经济增长率仅为 6.9%。2016 年上半年仅为 6.7%，预计今后这种中速增长还将维持下去，这是经济规律和政策主动调整的结果。二是增长方式的换挡。过去的增长方式主要是依靠要素驱动，通过总量扩张获得 GDP 的高速增长，这种增长方式遇到了资源的约束和环境的挑战，特别是很多地方持续出现的雾霾天气，让人们普遍体会到经济发展与环境保护之间的矛盾日益突出，因此转变经济增长方式和对经济结构的调整显得刻不容缓。我们今后的增长方式要由要素驱动的粗放增长转变为创新驱动的内涵增长，要更注重质量和效益。三是增长动力的换挡。有四方面的原因：①我国长期存在的人口红利正在逐渐消失，特别是在东部地区，出现了日益明显的劳动力短缺。②我国 30 多年经济高速发展的一个重要因素是外需的拉动，但是在 2008 年金融危机之后，出口需求发生了常态性的萎缩，从而引发经济需求结构的转换，这将迫使我们把国内需求放到更加重要的位置上。③面对世界科技创新和产业革命的新浪潮，面对企业主动转型、创新意愿的明显增加，我国经济增长将更多地依靠人力资本质量和技术进步，转入创新驱动型的经济新常态。④我国过去经济的高速增长是在政府主导下完成的，可以认为是政府主导下的不完善的市场经济，今后要通过完善制度，转变政府职能来让市场发挥更大的资源配置的作用，增强经济的内生动力，推动经济可持续发展。

其次，结构调整阵痛期。这是加快经济发展方式转变的主动的、同时也是无奈的选择。

(1)要调整历史形成的所有制结构，关键是对国有企业进行混合所有制改革。所谓混合所有制，是指包括国有资本、集体资本、非公有资本等交叉持股、相互融合的所有制形式。目的是降低国有经济所占的比重，尤其是垄断性的国有企业的比重，发展有竞争力的经济组织，抛弃限制企业竞争的政策，逐步减少、去除国企所拥有的大量特权，最终构建各类形式企业公平竞争的市场环境。这是新形势下坚持公有制主体地位，增强国有经济活力、控制力、影响力的一个有效途径和必然选择。这有利于国有资本放大功能、保值增值、提高竞争力。

(2)调整第二产业内部的结构性矛盾，化解过剩产能的阵痛。这主要是指工业内部的结构性问题所导致的严重的后遗症，即重复建设加重，产能严重过剩。淘汰落后产能，优化产业结构，提高资源配置效率，必然使得某些行业受到较大冲击，某些企业还会退出市场，这些必须付出的代价就是结构调整中的阵痛。

(3)调整投资结构的矛盾，化解政府债务过高的阵痛。我国在高速工业化、城市化过程中对基础设施进行了大规模的投资，地方政府因此积累了大量债务。由于地方政府的投资范围过宽，又盲目以 GDP 为政绩目标，形成了许多重复建设和无效投资，投资收益无法归还贷款，责任最终由地方政府承担，从而加重了政府债务负担。另外，行政管理体制也存在很多缺陷，这又进一步加剧了政府的财政负担。2013 年审计署审计发现，地方政府债务规模达到 18.7 万亿元，再加上中央政府债务，总计达到 27 万亿元的规模，已经达到了 GDP 总量的 50%。

最后，前期刺激政策消化期。一是要消化刺激政策的依赖症。2008 年金融危机爆发后，对我国的冲击巨大，为了避免经济迅速陷入低迷而带来的各种不利影响，政府推出了一系列刺激政策，包括 4 万亿元的投资和 10 万亿元的贷款，短期内取得了效果，经济继续高速增长，增速最高时超过了 10%，但是随后经济一路下行，从股市到房市，国民经济的各个部门都在等待利好消息。在政策依赖症下，市场功能因政策替代而退化，社会创新的动力也会减弱，企业投机心态增加，创新动力不足，提高竞争能力的意愿不强烈。另外，政策依赖症还带来投资冲动怪圈。长期以来，考核地方政府的一个重要(甚至是唯一)指标是GDP，而地方政府也寄希望于提高GDP来增加财政收入，提高就业率，于是地方政府就会要求扩大信贷、增加投资，其必然结果是通货膨胀。然后中央政府又会采取紧缩政策，经济因此放缓，其后果是地方财政和就业出现压力，于是又会要求中央政府扩大信贷，这就造成了我国宏观政策像过山车般地循环反复。二是消化粗放增长带来的环保压力。过去的粗放增长是以透支生态、破坏环境为代价的，土地重金属污染、地下水污染、地表水源污染、大气污染日益严重。经济发展外部性带来了极高的社会成本，这个成本和负担需要我们要认真地消化。

一般认为，中国经济将会在两个方面探底：一个是需求底，供求均衡，经济见底。例如，房地产增速由正转负，这是从需求侧观察到的中国经济触底的信号。另一个是效益底，就是工业企业的利润触底，只有减产的力度和进度到位，才会触底反弹。目前来看，不确定性很大，如果处理不当，经济将会陷入长期低效益、高风险的状态之中。所以，解决“三期叠加”的问题就是要解决经济发展满足需求和提高效益这两大问题。

李克强总理提出中国经济撞上“三座大山”：第一，市场的冰山；第二，融资的高山；第三，转型的火山。中国经济要推翻这“三座大山”才能迎来新的机会。诺贝尔奖得主、著名的凯恩斯主义经济学家保罗·克鲁格曼撰文直言，中国经济“撞上了长城”。我们当然需要正确认识当前面临的困难，但也没有必要放大困难而过分悲观。例如，城镇化建设、第三产业方面还有很多功课要补，空间很大。几十年改革开放的历史是不断释放市场力量的历史，新一届政府在面临巨大下行压力的情况下，没有盲目出手，而是强调市场的作用，同时也没有完全放任自流，从更高层次对宏观调控提出了要求，应该说是非常明智的。

第二节　经济增长的动能转化与传统经济发展模式的瓶颈

党的十八届五中全会提出，中国经济出现新常态的原因是经济增长的动能转化，这意味着经济增长的动力将从以出口、投资为主转向以消费为主、出口和投资为辅。从规模扩张的经济增长横向向创新与提高全要素生产率为主的经济增长模式转变，这就对传统的经济增长模式尤其是传统的工业发展模式提出了挑战。

人均收入达到中等水平以后，汽车进入普通家庭，工业的生产规模已经完全满足市场需求，整个工业制造业的产品出现全面的产能过剩。2007年，世界银行提出了“中等收入陷阱”的概念，指的是一国的人均收入达到中等水平以后，如果不能顺利实现经济发展方式的转变，就会造成经济增长动力不足，经济陷入长期停滞。亚洲、非洲、拉丁美洲很多国家如马来西亚、南非、巴西、墨西哥等均在成功进入中等收入国家之后裹足不前，找不到新的经济增长点。应该说处于不同发展阶段的国家都可能面临发展停滞，但是在这个所谓的中等收入阶段，面临进一步上升的困难要大得多。因为当人均收入还很低的时候，一个国家总是可以找到一定的比较优势来发展自己，例如廉价的劳动力以及牺牲环境。但是随着人均收入特别是劳动力成本的继续提高，会出现一系列制约经济发展的瓶颈，包括劳动力瓶颈、资源和环境瓶颈、需求瓶颈、创新瓶颈、制度瓶颈等。

一、劳动力瓶颈

2008年以后，长三角、珠三角以及作为内陆省份的江西和湖南等地都出现了“民工荒”。根据相关新闻报道，仅珠三角地区就缺工200万，90%的企业都出现缺工状态，普遍缺工比率在30%～40%，缺工导致企业开工不足，无法接受更多订单。这次“民工荒”也并非只是熟练工的短缺，而是包括普通劳动力在内的全面短缺。民工荒的发生，说明我国经济发展正面临劳动力资源短缺的瓶颈，除普通劳动力的结构性短缺，还会进一步出现全面有效劳动力的短缺。我国持续几十年的经济增长，特别是东南沿海地区的经济增长，长期以来是建立在丰富、廉价的劳动力资源基础之上的。由于我国农村存在大量剩余劳动力，这样的发展模式充分利用了比较优势，取得了很大的成就。但是我国长期存在的人口红利正在逐渐消失，相关研究结果显示，我国劳动力成本10多年来已经增长了近4倍，单位小时的劳动力成本从2000年的0.6美元增加到2013年的3.2美元，这一数字是泰国的1.7倍、菲律宾的2.6倍、印尼的3.6倍。从2013年开始，我国劳动力供给开始绝对减少，而劳动力新增需求仍然稳定在每年1000万以上。

我国人口老龄化的问题也越来越严重，这也要求经济发展进行转型。1999年，我国进入老龄化社会，2011年，我国65岁以上人口为总人口的9.12%，处于同类发展中国家的前列。这一方面是我国经济发展的自然过程，另一方面还有国情因素，我国自20世纪70年代末推行的计划生育政策，在一定程度上加速了老龄社会的到来。根据联合国经济和社会事务部2013年发布的《世界人口展望：2012年修订版》预测，我国未来40年之内，65岁及以上老年人口规模将持续上升，到2030年，65岁及以上老年人口规模将达到2.3亿，2050年65岁及以上老年人口规模预计将达到3.31亿。

我国劳动力供给的这些新特点将对我国经济发展产生深远的影响，过去依靠丰富、廉价的劳动力支撑的经济增长模式将难以为继，政府需要在政策层面做好新的准备。

二、资源和环境瓶颈

我国过去的经济增长模式是建立在对能源的大量消耗的基础上的，而且能效很低，同时带来了日益严重的环境问题。在 2013 年能源峰会暨第五届中国能源企业高层论坛上，中国工程院院士、原能源部副部长陆佑楣透露了这样一组数据：2012 年我国一次能源消费量为 36.2 亿吨标煤，消耗全世界 20%的能源，单位 GDP 能耗是世界平均水平的 2.5 倍、美国的 3.3 倍、日本的 7 倍，同时高于巴西、墨西哥等发展中国家。① 另外，我国的能源消费结构仍然以煤炭为主，根据国家统计局的数据，2014 年我国煤炭消耗量虽然有所下降，但是仍然占能源消耗总量的 66%。要治理大气污染、减少温室气体排放，必须从源头减少煤炭消耗，特别是要减少高硫、低热值煤炭的消耗。

根据世界银行的统计，2009 年中国每公顷耕地所使用的化肥量达到 504 千克，为全球平均量的 4 倍多，是美国的近 5 倍。另据环保部在 2015 年 6 月 4 日发布的《2014 中国环境状况公报》显示，我国水资源污染不容乐观，以地下水为例，通过对地下水进行抽样检测，发现，水质极差的比例为 16.1%，较差的为 45.5%。空气质量方面，通过对全国 74 个城市的大气进行监测，结果显示有 66 个城市不同程度超标。环境的压力会制约经济的发展，这是一个世界性的问题，但是在我国目前所处的阶段，这个矛盾无疑非常突出，以对环境友好的方式实现经济增长刻不容缓。

三、需求瓶颈

根据经济增长理论，从需求角度而言，拉动经济增长的动力包括投资、消费

---

① 陆佑楣在 2013 年能源峰会暨第五届能源企业高层论坛上的报告。

和出口。具体而言，房地产行业、传统制造业以及基础设施投资是拉动中国经济实现长期高速增长的三股非常重要的力量，但是目前这三个领域均达到了饱和状态。主要表现如下：①房地产行业经过近20年的迅速扩张，无论是投资需求还是投机需求都已经退潮，总体上处于下行阶段（进入全面的去库存化时期）；②制造业面临严重的产能过剩、产业转型升级和环境保护的压力（市场的冰山、融资的高山和转型的火山）；③随着劳动力成本、原材料成本以及税收成本的提高，我国出口竞争力下降，外需对我国经济发展的推动力越来越弱；④基础设施建设方面，作为主要出资者的政府面临越来越严重的资金约束，依赖基础设施建设带动经济增长的边际效应也面临递减规律的约束；⑤居民消费对经济的拉动力相对不足。

四、创新瓶颈

中国企业普遍存在生产能力过剩而研发能力不足的问题。依靠政府投资一味地拉动从根本上无法改变报酬递减规律，而且使我国的经济得了很深的政策依赖症。一旦失去政策，国民经济的各个主体难以独立运行，经济增长迅速下滑，经济效益低下、资金链紧张等问题接踵而至。政策依赖症增加投机心态，遇到问题只会等待政策的救赎，创新动力不足，提高竞争能力的意愿不强烈。改革开放以来，我国自主创新能力虽然有了很大的提高，但是总体水平仍然较低。我国每出口8亿件衬衫，才能购买一架空中客车。中国制造的鞋子占全球总产量的70%，但是大规模的产量并没有给我们带来相应的财富。相反，我国在光纤制造装备、集成电路制造设备、石化设备以及医疗设备等方面大量依靠进口。这些都说明我国经济发展过分依赖低端制造品的生产，高技术产业薄弱，缺少自主品牌，创新能力非常薄弱。面对以创新和技术升级为特征的国际市场的激烈竞争，我国自主创新能力的薄弱日益成为经济发展的瓶颈，严重制约中国国际竞争优势的升级和增长方式的转变。

五、制度瓶颈

随着中国经济改革的深入，所表现出的许多问题都与制度瓶颈有关，除了制度缺失、规则不完善以外，更为重要的问题是制度规则在确立的过程中存在正当性和程序性的疑问，这个根本性的问题如果不予以厘清，再多的制度规则也无助于良好市场秩序的建立。

在长期由政府主导的经济发展模式中，主要的基础设施、公共服务等部门都形成了行政垄断，其后果就是形成了一个庞大的既得利益集团，广泛地分布于电力、石油、通信、铁路、民航、金融等领域。例如，国内油价与国际油价的接轨方式略显混乱，跟涨不跟跌；大型国有银行并没有提供高质量的服务，却享有高额利润。政府职能部门借助公共权力为某个行业谋取利益，破坏市场公平，损害消费者和国家的利益，而且借助公共权力将这种不合理的行为制度化，这是我国经济改革中面临的最大的制度瓶颈。

第三节　凯恩斯主义的困境与需求管理政策的失效

一、凯恩斯主义的理论模型

以英国著名经济学家亚当·斯密、大卫·李嘉图为代表的古典经济学家，信奉自由竞争的市场机制，认为社会经济活动可以由一只“看不见的手”调节资源配置，从而反对国家干预经济生活。1929—1933 年爆发了一场席卷整个资本主义世界的经济危机，由于古典经济学无法提出有力的解释，人们对资本主义的看法发生了极大的转变，许多经济学家提出了新的理论和方法，后来英国经济学家凯恩斯将这些思想整合在一起，建立了新的分析框架，这就是“凯恩斯革命”，从而形成了现代宏观经济理论，其标志性作品就是凯恩斯在1936年出版的划时代的巨著《就业、利息与货币通论》。

这里所说的革命，首先是经济学分析研究的角度发生了重大变化，由微观的个体分析转变为整体和宏观分析，现在经济学家更为关心的是总的就业水平和总的产出水平。与古典经济学家不同，凯恩斯认为对单个主体有利的事情，对整体和宏观不一定有好处，“看不见的手”并不能引导自利的个体使资源达到最佳配置，并使社会福利达到社会最优状态，这就是市场失灵。市场失灵的存在为政府干涉经济提供了充分的理由。

凯恩斯革命的第二重含义是方法论上的革命，即从个别分析转向总量分析，从而形成了以GDP（即国民生产总值）为主要指标的一系列理论模型，影响了经济学近一个世纪的发展。凯恩斯主义经济学家普遍重视有效需求，有效需求也被称为总支出，总支出由消费（C）、投资（I）、政府支出（G）和净出口（$X-M$）四部分构成（即 $C+I+G+X-M$），总支出直接决定了国民收入、就业、产出这些宏观经济的重要方面。凯恩斯否认了萨伊定律，认为“供给自动创造需求”只会发生在没有货币的物物交换经济中。在货币经济中，某些情况下有效需求不足以购买所生产的全部产出，从而出现生产过剩的经济危机。由不足的有效需求决定的实际产出水平会小于充分就业下的产出水平，从而造成大量失业。

同时，凯恩斯主义者认为，工资和价格具有刚性。由于工会组织的存在以及最低工资法等制度因素的约束，工资向上调整很容易被接受，但是却很难向下调整。因此，当经济不景气的时候，企业只能减少产量，解雇工人，工资无法适应市场的弹性变化。同理，有效需求不足，会造成失业上升以及产出水平下降，而一般不会出现价格普遍下降的现象。

凯恩斯革命的第三重含义是宏观经济政策的革命。凯恩斯认为：由于存在三大心理规律，从而造成有效需求不足。首先是边际消费倾向递减规律：随着居民收入的增加，消费也会相应增加，但在增加的收入中，用来消费的部分所占的比例会逐渐下降，用来储蓄的部分所占的比例则越来越大。所以在收入和消费之间就出现了一个越来越大的缺口，有效需求不足，从而造成生产过剩和失业。其次是资本的边际效率递减规律：在技术水平保持不变的前提下，如果持续投入一种生产要素（例如劳动力），同时保持其他生产要素不变（例如物力资源），最初随着这种生产要素的增加，产量会增加，但是当达到一定限度时，增加的产量会逐渐减少，最终绝对产量也会减少，其结果必然是投资需求不足。第三是灵活偏好规律：货币是流动性最好的资产，因此人们总是喜欢持有一定数量的货币，而如果银行利率低到一定的程度，持有的货币数量就会更多，因此会造成消费不足。因为私人经济的有效需求总是不够的，所以凯恩斯主张政府干预经济活动，即通过实施财政政策与货币政策，达到促进就业、推动经济增长的目的。

那么，凯恩斯主义的影响力如何呢？第二次世界大战和世界范围内的经济萧条使得主张自由放任的古典经济学迅速衰落，而凯恩斯主义则迅速崛起，这是因为凯恩斯主义的政策在缓和经济危机、促进经济复苏以及减少失业等方面非常有效和成功。“罗斯福新政”是凯恩斯主义在 20 世纪 30 年代大萧条中进行的最著名的政策实践。“新政”涉及内容广泛，包括保护金融业、限制农业、刺激工业、完善社会保障制度以及劫富济贫式的税收制度等，其核心内容就是增加政府对经济的直接和间接干预。“新政”为走投无路的美国经济开辟了一条摆脱危机的出路。

在第二次世界大战之后，凯恩斯主义的政策框架在全球经济发展中取得了巨大的成功，资本主义国家普遍采用凯恩斯主义的理论作为政策制定的依据，其直接功效是改变了市场经济的经济周期性，到 20 世纪 70 年代初期石油危机前，周期性的经济调整变得不大明显，这段时间被称为资本主义市场经济的黄金时期。其理论本身的影响也达到了顶峰。对于主张自由放任的经济学家而言，经济会在长期中保持均衡，因此这些问题最终会得到解决，但是凯恩斯嘲讽说：“长期而言，我们都死了。”凯恩斯主义不仅提供了对经济波动的解释，同时也提出了缓和经济波动的方法，因此首先获得了来自商业利益集团以及工会的普遍支持，另外由于凯恩斯主义强调政府在经济发展中的巨大作用，因此也获得了政治家的支持。

凯恩斯主义逐渐发展出的很多观点，后来都成为现代宏观经济学的正统观念以及经济学教科书中的基本内容。尽管对凯恩斯主义的批判从来都没有停止过，但是除了一些不再被认可的观点外(例如经济可以在良好的干预下，达到充分就业、快速增长以及保持较低的通货膨胀率)，其基本的分析方法和思想体系至今仍然统治着宏观经济学。

二、需求管理政策的失效

自从 20 世纪 30 年代的经济大萧条以来，基于凯恩斯主义的需求管理一直是被普遍接受的宏观经济政策基石。全球经济从第二次世界大战后的百废待兴中迅速繁荣起来，凯恩斯主义可以说是功不可没。但是随着 20 世纪 70 年代两次石油危机的爆发以及布雷顿森林体系的破产，资本主义经济再次面临严重的问题，特别是出现了凯恩斯主义没有预期到的“滞涨”问题：一方面是成本上升等造成的经济停滞，另一方面是通货膨胀。为了应对经济停滞，凯恩斯主义需求管理的理念要求增加财政支出，扩大赤字规模，同时实行更为宽松的货币政策，但是这对业已存在的通货膨胀无疑是雪上加霜。“滞涨”的存在使得凯恩斯主义陷入了两难境地：要解决经济停滞问题，就会使得通货膨胀更为严重；要缓解通货膨胀，就要接受更为严重的经济衰退。这时各种试图取而代之的理论随之而起，有理性预期学派、供给经济学派、货币主义学派等，在实践方面，各国也都进行了以减少政府干预为特征的自由化改革，例如里根在美国、撒切尔夫人在英国的改革。

尼尔·弗格森在《毫无长进的现代凯恩斯主义者》一文中对凯恩斯主义做过精辟的总结，他说："1981 年，美国经济学家托马斯·萨金特写了一篇题为《四次大通胀的终结》的开创性论文。该文是凯恩斯主义时代的墓志铭。西方政府（尤其是英国）历尽磨难方才明白，赤字救不了他们。面临两位数的通胀和失业率的攀升，唯有施以猛药才能治愈顽疾。回顾了中欧 20 世纪 20 年代——又一个战争导致债务激增的时代——的局面后，萨金特证明，只有果断的'体制变革'才能带来稳定，因为只有这样才能改变通胀预期。"

然而凯恩斯主义没有像当年古典经济学一样迅速被边缘化，事实上在这之后，每次遇到经济衰退，凯恩斯主义的扩张性财政政策都成为各国政府首选。相比较而言，不干涉、袖手旁观的主张很容易受到指责。当遇到失业、通货膨胀这些问题时，人们也习惯于看到政府的作为，于是政府干预经济就变得越来越广泛，越来越复杂，越来越多。然而问题没有变少，反而更多，于是又需要进一步的干预，如此往复，已成恶性循环。

学术界也持相同的态度，例如，在 2008 年金融危机刚刚爆发的时候，诺贝尔经济学奖还是颁发给了一位凯恩斯主义的代表人物：保罗·克鲁格曼。金融危机发生后，克鲁格曼多次撰文呼吁果断地推出包括量化宽松在内的各项拯救经济的举措，坚信美联储还有振兴经济复苏的工具。他曾说过，在雷曼兄弟破产后那恐怖的几个月里，几乎所有的大国政府都认为必须采取措施抵消个人消费大量减少带来的影响，它们选择了扩张性的财政政策和货币政策，通过增加消费、减少税收、印发钞票降低损害。这种做法不仅符合教科书上的标准答案，也符合大萧条时期留下的宝贵经验教训。克鲁格曼还批评奥巴马政府的政策力度不足，细说我们曾经见证过这种场景，也知道该怎么做，但我们缺乏的是采取实际行动的意愿。克鲁格曼信心百倍，指出必须优先回到增长的轨道上来。我们看到凯恩斯主义在各国依旧大行其道。从2008年开始，美国先后推出两轮量化宽松的货币政策，向市场投放货币1.6万亿美元。美国通过大幅举债来提供刺激经济复苏所需的资金，实际上严重影响了经济的复苏。与此同时，欧洲则因为金融危机而陷入债务危机之中，希腊长期“寅吃卯粮”，终于导致出现主权债务危机，同时也暴露了欧洲经济的脆弱性。各国经济步履维艰，政府纷纷节衣缩食。

在改革开放之后，我国也逐渐喜欢上了凯恩斯主义，并逐渐患上了所谓的“凯恩斯依赖症”。以扩张性的货币政策为例，根据北京大学周其仁教授的估算，2010年相比1978年，GDP增长93倍，广义货币M2增长807.5倍。与西方相比，我国没有市场经济自发调控的传统，市场经济从一开始就是政府培育的，因此政府总是习惯性地干预经济的运行。这很大程度上是旧体制遗留下的计划经济的思维在作祟。

2008年，为了应对金融危机对中国的影响，我国政府推出了4万亿元的投资计划，外加地方政府配套的十几万亿元，凯恩斯主义的扩张性财政政策被推到了极致。在短期内出现了一片“繁荣”景象，房地产、地方基础设施建设、大型国企表现得尤其突出。凯恩斯主义的宏观政策注重的是短期的、立竿见影的调控，忽视结构调整，使得经济保持长期稳定增长出现问题。凯恩斯主义的政策和我国“GDP至上”的考核机制相结合，扩大内需被搞成了简单的总量扩张，盲目追求GDP的增长造成经济结构失衡，经济发展方式得不到转变，落后的产业长期存在。政府逐渐意识到过度使用凯恩斯主义给我国经济带来的长期后患，转变观念，用理论创新引导实践创新。

在这样的背景下，2015 年 11 月 10 日中央财经工作领导小组召开第十一次会议，习近平总书记提出："在适度扩张总需求的同时，着力加强供给侧结构性改革，着力提高供给体系质量和效率，增强经济持续增长动力，推动我国社会生产力水平实现整体跃升。""供给侧改革"这一全新的表述体现了决策层的经济判断和治理思路发生了转变。之后，李克强总理在同年 12 月 2 日召开的经济工作专家座谈会上指出，面对错综复杂的国际国内经济形势，要创新发展理念，从"供给侧"和"需求侧"两端发力，推进结构改革。从单纯使用"需求侧"的刺激方法到强调两端发力，是因为需求侧的条件发生了巨大的变化，导致难以单独从需求侧出发推动经济的继续发展，这并不是说不再关注"投资、出口和消费"，而是说管理经济的方式将发生转变，即今后经济发展的重点不再是总量扩张，而是提高经济增长的质量和效益。供给侧结构性改革的一个核心问题就是提高要素的生产率，引导过剩产能供给侧减量和结构调整，最终实现供需的重新平衡，这是实现中国经济长远稳定增长的主线。

1. 宏观经济角度

我们首先从宏观经济环境角度说明单纯的需求管理政策的有效性正在下降。

(1)生产成本上升。中国制造业产值已经成就了真正的"世界工厂"。但是随着国内劳动力成本、自然资源成本、环境成本和技术进步成本的上升，"中国制造"的低成本竞争优势在逐渐减弱。在劳动力成本方面，我国劳动力人口数量已经连续数年下降，人口红利在逐渐消失，再加上计划生育等方面的原因，使得我国"未富先老"的问题日益突出，这些都造成了劳动力成本的上升，从而增加了企业的成本。根据工信部的数据，我国的人工成本在最近 10 年来上升了 2.7 倍，制造业成本普遍超过东南亚、南亚和东欧，已经达到了美国制造业成本的 90%，甚至出现个别企业家到美国办纺织厂的情况，因为在考虑运输成本之后,在美国办厂的成本甚至低于中国。在环境成本方面,由于我国的环境问题日益严重,国家加大了环境保护的力度,因此造成企业节能减排成本的骤增。在技术进步成本方面,企业为应对成本上升,一般会通过提高劳动生产率来实现产品升级换代,在这方面的投资无论是否有效,都会变成沉没成本,造成企业生产成本的上升,企业被迫以提高产品价格的方法来应对,这在一定程度上会削弱企业的竞争力。

(2)产品供需的结构性矛盾突出。我国经济的结构性矛盾首先表现为低端产品供给的严重过剩与高端产品供给的严重不足。2015 年,全国钢产量为 12 亿吨,但需求量只有 7 亿吨,超过 40%的钢铁产能严重过剩,但这些产能都是低端的,而高端钢材如生产航母关键经济的钢材需要进口。消费品也一样,2015 年有超过 1.5 万亿元的购买能力投向发达国家市场的马桶盖、电饭煲、保温杯、书包、剃须刀等产品,而这些产品在国内严重过剩,这表明随着国民生活水平的提高,国内低端的产品在品质和技术含量上已经不能满足国内需要。

低端产品过剩同时体现在由于贫富差距形成的供求结构性失衡。根据国家统计局公布的数据,我国 2015 年的基尼系数为 0.462,这是在 2008 年达到 0.491 之后的第七年下降,也是自 2001 年以来的最低点,尽管如此,仍然超出贫富差距的国际警戒线 0.4。过大的贫富差距导致我国消费结构不合理。一方面,随着收入水平的提高,消费所占比例会逐步下降,高收入人群对产品质量提出了更高的要求,而我国的产品与发达国家的产品质量还存在较大的差距,这直接导致我国供给无法满足这部分需求;另一方面,收入较低的人群在满足了基本的生活刚性需求之外,由于有较多的后顾之忧,会进行较多的储蓄,这在一定程度上遏制了更多的消费。两方面的原因导致我国一方面存在内需不足,另一方面居民在海外的购买力日益强劲。

(3)资本的收益率不高。相对于美国而言,中国是一个资本稀缺的国家,但是我们的资本收益率却比美国更低。这被称为“中国资本收益悖论”，主要是由中国的资本体制造成的。从资本的使用角度而言，国有以及国有控股单位所占比例最高，但是收益率却最低，也就是说，资本收益率低的使用者占用了最大份额的资本。

2008 年之后，在大规模的刺激政策之下，国内投资大幅增长，资本收益率呈现进一步下降的趋势，每增加 1 元 GDP 所需要增加的投资已经显著上升。而且投资结构非常不合理，2008 年至今，增加投资更多的是依赖政府和房地产，结果造成严重的、全方位的产能过剩，钢铁、煤炭、电解铝、船舶、光伏太阳能、风电以及石化产业等无一不是如此，尤其突出的是钢铁和煤炭，中国曾经以钢为纲、一钢带百业，能源体系中煤炭占比超过 70%。在这种情况下，投资无法恢复。而要化解产能过剩，必须要关闭、兼并一大批企业，这就会造成失业问题，因此解决产能过剩问题一定会持续很长时间，在过剩产能被消化之前，不会再出现投资高潮。2016 年 1 月 4 日，李克强总理在太原主持召开的钢铁煤炭行业化解过剩产能、实现脱困发展工作座谈会上明确表示：“我们不会再通过‘强刺激’、‘大水漫灌’的投资来扩大内需，而要继续大力推动简政放权、推进‘大众创业、万众创新’和‘互联网+’，尽可能培育新动能、发展新业态。”只有找到新的增长点、新的产业，才能带来新的投资增长。而从全世界范围看，资本密集型的产业几乎都是过剩的，汽车、造船、钢铁都是如此，这意味着在利用了之前的劳动密集型的比较优势之后，传统资本密集型产业没有多少可被利用的潜力待发掘，唯一的出路还是创新。

这里需要指出的是，短期内出现的产能过剩并不意味着中国的资本总量太多，只不过是说这些产能在短期内无法消化罢了，从长期来看仍然是不够的。根据国家统计局的数据，2013 年中国人均 GDP 为 41908 元，按当年名义汇率计算约为 6764 美元；而美国人均 GDP 为 51248 美元，约为中国的 7.6 倍。如果中国人均收入要达到或接近美国2013年的水平的话，人均资本存量还要增加6倍左右。因此我们未来仍有许多领域要扩大投资，投资是增加资本存量的重要渠道。另一方面就是要打破政府对投资的完全主导，采取更加市场化的方式来进行，努力促进融资方式的创新，消除投资的障碍。

我们以铁路为例做进一步的说明：截至2015年年底，我国铁路营业里程达到12.1万千米，居世界第二位；其中，高速铁路1.9万千米，居世界第一位。而美国现有大约22万千米的铁路，且基本是货运，客运量十分有限，所以差距仍然明显。据估计，“十三五”期间，我国将继续增加铁路固定资产投资，规模将达3.5万亿～3.8万亿元，其中建设新线路3万千米。至2020年，铁路总里程将达到15万千米，其中高速铁路达3万千米。此外还有一批连通中亚、东南亚的铁路项目也陆续开工。铁路投资在“十三五”期间将达到高峰，这首先离不开从中央到地方的各级财政支持，更为重要的是进行融资体制改革，包括铁路沿线的土地开发、建立发展基金、鼓励社会资本对铁路的投资等。其次要完善投融资渠道，促进竞争，形成多方参与的合力。2016年1月4日在太原召开的钢铁煤炭行业化解过剩产能、实现脱困发展工作座谈会上，李克强总理提到了另一个例子，他说：“2015年，我们在钢铁产量严重过剩的情况下，仍然进口了一些特殊品类的高质量钢材。我们还不具备生产模具钢的能力，包括圆珠笔头上的‘圆珠’，目前仍然需要进口，这都需要调整结构。”所以，投资仍然是我国长期经济发展中一个重要的内容和推动力，需要调整的是结构。

(4)杠杆率水平整体偏高，且结构不合理。所谓的杠杆化，是指用较少的自有资金，通过财务方法和各种金融工具撬动大量的资金，来进行投资的模式和手段，也就是以小博大的机制。广义而言，任何产生这种效果的机制都是杠杆化。从宏观经济的角度来讲，杠杆率可以表示为负债与国民收入之比，杠杆化就是扩大债务，去杠杆化就是缩减债务的过程。2008年金融危机之前的几十年之中，全球范围的杠杆化极大地推动了世界各国经济和金融的发展，但也带来了相应的风险。在金融危机爆发之后，各个经济主体纷纷开始通过去杠杆化来规避风险。去杠杆化从金融产品开始，然后是金融机构，紧接着扩大到投资者和消费者，最终影响全球经济。与西方国家不同的是，我国在金融危机爆发之后的最初几年采取了相反的行动，即增加杠杆化的操作，在短期内支持了经济的高速增长，但是随着资本边际收益率的迅速减弱，产能过剩日益严重，出口、消费和投资的推动作用都出现疲弱态势。在这种背景下，中国政府逐渐调整宏观政策，朝去杠杆化的方向发展，因为过高的杠杆率会带来诸多问题，首先，利率、汇率的市场化改革需要稳健的金融环境，而稳健的金融环境需要杠杆率保持在合理的水平；其次，过高的杠杆率导致大量资金不愿进入实体经济，而更愿意流入证券和房地产等资本市场，积累了大量金融风险；最后，过高的杠杆率不利于化解产能过剩和地方政府债务危机隐患，因为银行信贷的扩张必然刺激地方政府投资冲动和企业增加产能的冲动，这会进一步增加杠杆结构的不合理性，特别是在经济下行压力下，会增加房地产、地方政府融资平台等薄弱环节的局部风险。

（5）我国的市场机制不健全。传统的高速经济增长主要是依靠对土地、资源和劳动力的大规模使用实现的，经济发展模式体现为“经济规模以高速增长为核心、经济结构以简单复制为重点、经济效果以 GDP 增长为目标”，这就使得我国的经济发展速度和经济发展质量之间的关系长期处于一种扭曲的状态，因此制度变革、技术创新很自然地成为下一阶段经济可持续发展的核心发动机。如果我们观察发达国家，就会知道所谓的“三驾马车”对经济的拉动效果是非常有限的，因为发达国家的投资和消费一般都会维持在一个稳定的水平，不会有太大的变化。而出口则限于全球市场规模，也不可能无限增加。除此之外，推动发达国家经济发展的一个重要因素就是技术进步，事实上，工业革命以来，正是技术进步在促进经济和社会发展方面为人类提供了长期的、可持续的动力。或者可以这样讲，是技术进步支撑着“三驾马车”发生效力，每次新的技术进步都会带来新的投资、新的消费和新的出口。这可以解释美国近几十年的持续增长，也可以解释同一时期日本的经济停滞。

2. 财政政策和货币政策角度

其次，我们还可以从财政政策作用的下降和货币政策的基本失效两个方面分析需求管理政策的有效性正在减弱。

(1)传统的以政府支出为主要刺激手段的财政政策正在面临报酬递减规律的制约，作用逐渐减弱。政府支出的主要内容是投资，但中国投资回报的递减表现得非常明显。2009 年的 4 万亿元投资，加上 2009 年的实际信贷规模，总量已超过 10 万亿元，正如经济学家吴敬琏指出的：“2009 年以后每一年都有相当强的刺激，但投资效率递减非常明显。比如，2009 年的强刺激政策使得增长率迅速提高了四点几个百分点，而且维持了相当长的时间，2011 年的刺激将增速提高一到两个百分点，但是此后的刺激作用不断下降。”①

(2)货币政策基本失效。

在实际应用中，货币政策对收入的影响会受到下列因素的制约：

①流动偏好陷阱。这可以从利率下调刺激经济增长的效果来认识，依照凯恩斯的理论，中央银行可以通过增加货币供应量来改变利率，利率是资金的价格，当利率下降时，可以刺激出口、投资乃至消费。但是当经济处于萧条状态的时候，虽然利率比较低，但是这时候流动性偏好会很大。当利率降低到一定程度时，流动偏好引起的货币需求量将趋向于无穷，即人们处于流动偏好陷阱。此时，无论中央银行增加多少货币量，其降低利率的作用都非常小。这表明，当

---

① 吴敬琏. 吴敬琏怎么说这场“供给侧改革”. http://finance.qq.com/a/20160421/025859.html.

经济处于流动偏好陷阱状态时，试图通过降低利率的货币政策来刺激投资的作用将是非常有限的。

②时滞的影响。与财政政策一样，货币政策的效果也受到时滞的影响。从中央银行对经济形势做出判断、分析、制定政策到实施，都有一定的滞后。这些滞后制约着货币政策准确有效地发挥作用。

③货币政策手段本身的局限性。当采取扩张性货币政策的时候，效果并不明显，相反，紧缩性的货币政策则更加有效。这是因为，扩张性的货币政策要得到经济基础主体尤其是商业银行的配合，变更再贴现率虽然是中央银行间接控制商业银行准备金的重要手段，但这种手段的效果受到商业银行行为的制约。当中央银行采用扩张性货币政策的时候，一般是经济基础处于衰退的过程中，此时商业银行出于自身利益的考虑一般不愿意提供贷款，而在经济衰退的过程中，一些经营状况好的企业又选择稳健的不扩张的经营策略，所以，以增加货币供给量为特征的货币政策的效果就会大打折扣。例如，当中央银行降低再贴现率时，商业银行未必增加贴现，至少不一定按照中央银行的意图增加再贴现数量。相反，紧缩性的货币政策由于不需要任何经济基础主体的配合，其效果更加明显。

从货币政策的实践来看，货币政策的失效表现在以下几个方面。

一是货币政策是一个总量政策，在实际执行效果中，面临中小商业银行的竞争性定价，央行可以选择的政策只能是“定向调控”，但这又从根本上违背了总量调控的客观规律。但事实上，中小商业银行这样的一种竞争性定价，会成为撬动市场利率上升的一个“边际因素”，这也成为掣肘货币政策放松效果的一个节点。如在利率市场化逐步推进的过程中，中小商业银行往往是市场价格的追随者，多采取跟随大型银行定价的策略，利率要略高于大型银行。从市场环境看，受不同地区金融生态、同业竞争环境差异的影响，存款竞争越激烈的地区，金融机构存款利率的上浮幅度可能越高。

同时，中国经济的主要政策取向是结构调整，总量政策在资源的评价体系不太合理的条件下，对经济结构的改善没有太大的作用，有时甚至使结构性的经济矛盾更加突出。

二是中国经济并不缺少流动性。至2015年年底，中国广义货币M2为135万亿元，而同期的GDP却只有67.7万亿元左右，如果所有的货币全部投入流通过程，中国所有商品的价格平均都要翻一番，这意味着中国存在恶性的通货膨胀压力。

三是货币从虚拟经济向实体经济流动的通道不畅，大量的流动性资本被阻止在实体经济以外，进入了房地产行业、地方政府的融资平台和影子银行。

四是在资本得利远远大于实业得利的评价体系下，大量的流动性资本不但不会从虚拟经济向实体经济注入，而且实体经济的资本反而会流入虚拟经济，这就使经济逐渐空心化，整个经济大而不强。所以扩张性的货币政策不但不能对实体经济的资本短缺提供必要的支持，倒过来反而形成严重的通货膨胀的压力，一旦通货膨胀被引发，对中国的经济将会带来破坏性影响。

五是以货币政策刺激总需求导致杠杆率上升（见图3-1），尤其表现为地方政府的巨额债务和企业负债居高不下。吴敬琏曾指出：中国非金融机构目前的杠杆率是128%，企业负债率高会不断出现资金链断裂、老板跑路等情况，如果引起连锁反应，爆发系统性风险的可能就加大。尽管中国仍有很多缓冲空间，但也意识到需要去杠杆化，不能继续用“扩需求，保增长”的办法。①

所以，我们认为，传统的以财政政策与货币政策为基础的需求管理政策的有效性正在减弱，尤其是货币政策基本全部失效。经济政策面临着由需求管理

① 吴敬琏.吴敬琏怎么说这场“供给侧改革”. http://finance.qq.com/a/20160421/025859.html.

向供给管理的转型。

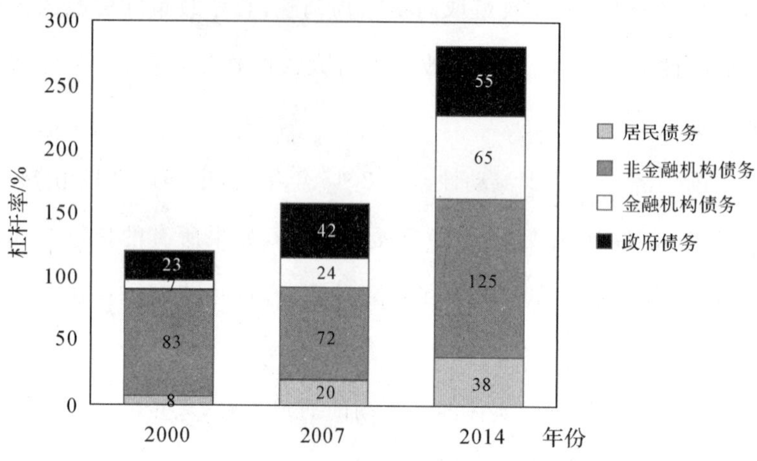

图 3-1 我国杠杆率加速提高

资料来源：McKinsey Global Institute. Debt and (not much) Deleveraging. 2015(2).

本章小结

我们要意识到，人为地设定不恰当的经济增长目标，就会逼迫政策制定者采取很多反自然、不健康的手段去实现这些目标。这是我国经济进入以“三期叠加”为特征的“新常态”的重要原因。本章在对“三期叠加”进行详细分析之后，指出了传统的经济增长模式面临的诸多瓶颈，传统的凯恩斯主义的需求管理手段已经失效，因为凯恩斯的需求管理政策从来就不是解决长期经济问题的药方。虽然 2016 年年初我国总体经济形势出现一些好转，但是经济运行的固有矛盾并没有得到解决，这些固有矛盾就是经济运行中的供给侧和结构性问题，以及体制性问题。这些在短时间内都不可能改变，新动力的培育也需要时间。所以，综合判断，我国经济运行不会持续一段时间的 L 形的走势，并且一两年内都不会有所改变。凡是无法用宏观需求管理的方法解决的问题，经济学家一般称为结构性问题，为解决结构性问题而进行的改革则被称为结构性改革。

第四章

新常态与供给侧结构性改革

在过去的经济体制改革和政策的制定过程中，我们更多的是借鉴凯恩斯主义的需求分析方法来分析经济的态势。现在中国经济已经进入了“新常态”，片面使用凯恩斯主义的方法所造成的缺陷日益显现。主要的问题包括：这种方法只重视总量的平衡，而忽视了结构的合理化；只解释现象，没有深入剖析制度和生产关系；只强调需求，而忽视供给。所以据此开出的药方总是治标不治本，甚至延误了治本的最佳时机。那么为了认识和适应新常态，我们必须首先明确应该使用什么样的理论和方法来研究中国经济的现状和走势，这是提出合理应对之策的先决条件。

如前文所述，凯恩斯主义者将需求划分为四个部分，分别是消费(C)、投资(I)、政府支出(G)和净出口($X-M$)，总需求即为$C+I+G+X-M$。当出现生产过剩或者产能过剩的时候，国家通过财政政策和货币政策干预经济，刺激需求，实现经济增长和充分就业。凯恩斯主义有一个假设前提，即经济增长不受供给约束，通过影响总需求就可以影响经济增长，或者说只要有需求就会自动有供给。

古典经济学则认为经济的增长不受需求的影响，生产函数Q有三个影响因素，分别是资本(K)、劳动力(L)和技术(T)，Q即代表了供给方。从这个角度出发，我们发现长期以来，中国经济增长过度地依赖于要素的投入，即资本和劳动力的投入，未来要提高经济的潜在增长能力，需要在技术进步方面努力，以提高全要素生产率。而要达到这一目的，必须进行供给侧结构性改革。

当我们在强调供给侧改革的时候，并不是在彻底否定需求管理，事实上，两者在理论上并非矛盾的关系，而是相辅相成的关系。两者要解决的是不同层面的问题，需求管理要解决的是短期经济增长的问题，供给侧管理则侧重于可持续增长即结构调整的问题。如第三章所述，短期内，需求管理已经遇到了瓶颈，因此只有从供给方调整结构性问题，才能满足日益增长的消费需求。

第一节　供给侧结构性改革理论基础

对供给侧结构性改革的理论探讨，必须从多方面入手，同时结合我国的具体实际，提出适合我国国情的理论对策。

一、理论基础

1.萨伊定律

萨伊定律是19世纪初兴起的一种经济学思想。1803年，法国经济学家萨伊出版了《政治经济学概论》，在该书中，萨伊提出了一种被后世广泛接受的观点（另有人认为是英国经济学家穆勒首先提出的）。萨伊认为，生产、分配和交换都只是手段，没有人为了生产而生产，所以这一切都只是中介手段，其最终的目的是消费。生产者是为了达到消费的目的才进行生产性活动的，当一种商品被生产出来并与他人的商品进行交换时，就会使得生产者具有购买其他商品的需求。整个经济体系便因此实现了良性循环，即某一数量商品的供给带动了相同数量商品的需求。这就是著名的“萨伊定律”，这一定律经常被简单概括为“供给创造了自己的需求”，对于大部分古典经济学家而言，萨伊定律所揭示的供给和需求之间的关系是显而易见的（并非所有的古典经济学家都认可萨伊定律，例如马尔萨斯就认为可能存在商品的普遍过剩，正因为如此，凯恩斯给予了马尔萨斯很高的评价，因为在某种程度上马尔萨斯预见了凯恩斯关于有效需求不足的想法。现在一般认为，造成这种分歧的原因是采纳的时间范围不同而已，马尔萨斯和凯恩斯更注重短期，而李嘉图等古典经济学家更注重长期）。需要注意的是，萨伊定律并不否认可能会出现资源分配不当以及会产生某种商品供过于求的情况，但这都是暂时的现象，对于整个商品市场而言，不会出现长期过度供给。根据萨伊定律的论断，弹性工资、弹性价格以及弹性利率会遭遇需求结构的变化，但是不会遭遇需求的持久不足和非自愿失业。这是一个非常重要的结论。

根据萨伊定律，人本身存在着各种欲望，但是并非每种欲望都可以转化为需求，只有提高生产水平，创造与他人交换的价值，才能使自己具有消费能力。虽然萨伊定律关于供给不会长期过剩的观点与当前我国存在的产能过剩现状不符，但是萨伊定律所主张的打破垄断、减少管制、减少税收，通过市场机制实现供需均衡的立场却非常值得借鉴。

2.供给经济学派

20 世纪 70 年代在美国兴起的供给经济学派，其诞生恰逢“滞涨”(即经济停滞与通货膨胀并存，根据凯恩斯主义的逻辑，这种现象不会出现)造成的凯恩斯主义失灵，从某种程度而言，供给经济学重拾萨伊定律，认为供给可以创造出自己的需求，造成经济危机的原因不是有效需求的不足，而是供给一侧出现了问题：一方面，市场不需要的东西生产得太多，另一方面，消费者需要的产品则由于生产率低下而供给不足。究其原因，或是政府管制太多遏制了创新，或是税收过高抑制了供给。因此，供给经济学特别强调“激励”在经济增长中的关键作用，供给经济学家认为凯恩斯主义过分看重需求。供给经济学认为税收体系的设计应当立足于鼓励生产而不是刺激需求，税收体系改革的主旨应当立足于降低税收体系的累进性，因为高的边际税率会降低人们从事正常经济活动的动力，鼓励人们更多地进行地下经济活动，这会使得税基变小，从而政府的税收总收入变少。供给经济学派的代表人物是美国经济学家拉弗，在 1974 年白宫举行的一次晚餐会上，他在一张餐巾纸上画出了著名的“拉弗曲线”(见图 4-1)，该曲线表示的是税收和税率之间的函数关系。横轴表示税率，纵轴表示税收水平。拉弗认为，开始的时候，税收收入随着税率的提高而提高，但是当税率达到一定高度时，由于从事工作和投资的意愿都开始下降，因此政府的税收收入总额趋于下降，这时进入税收禁区。因此，要想恢复经济增长，扩大税基，就必须降低边际税率来刺激供给。拉弗认为，当时的美国税率水平正处于税收禁区内。

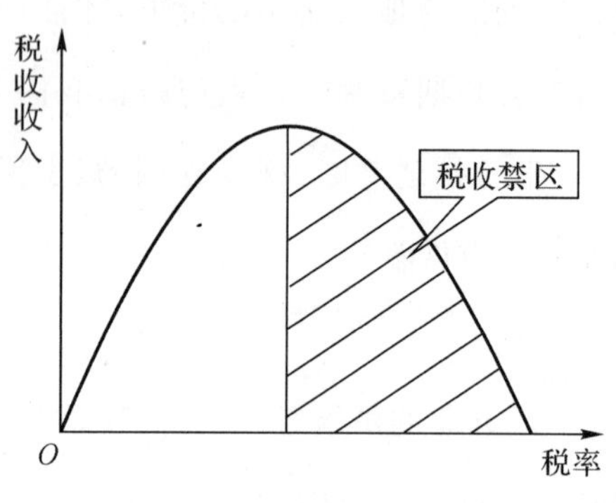

图 4-1　拉弗曲线

不同于凯恩斯主义注重反周期管理，供给经济学派追求的是经济的长期繁荣。与凯恩斯主义着眼于增加低收入阶层消费需求的减税政策不同，供给学派的削减高边际税率的主张是着眼于提高高收入阶层的工作积极性和投资供给，因此供给经济学派的减税不是逆经济风向的暂时行为，而是持久的、刺激经济活动的减税。削减税收也就意味着政府要削减财政支出，但是此举也是为了减少政府的干预，以便更好地发挥市场机制的作用，因为市场使用资金的效率要高于政府。

1981 年，里根就任美国总统，将供给经济学的理念付诸实施，成就了所谓的“里根经济学”。其要旨包括：停止增加联邦开支，降低税率，逐步放开政府管制，合理调控货币供给，稳步实现预算平衡。里根在就职演说中说道：“在目前的危机中，政府不能解决问题，它本身就是问题。我们的税收制度惩罚辉煌的成就，人们辛勤劳动却不能换得公平的报酬。”因此有经济学家指出，“里根经济学”重塑了美国经济，并奠定了之后长达25年的繁荣时期。

供给经济学和里根经济学兴起的背景是20世纪70年代西方国家出现的经济停滞和通货膨胀并存的“滞涨”现象。我国目前通货膨胀率很低，经济增速虽然出现下滑，但是仍居世界前列。我国经济面临的主要问题是外部需求下降、资本边际收益率递减造成的产能过剩、经济增速下滑以及经济结构扭曲等。尽管如此，供给经济学强调市场对资源配置的作用，这对于我国淘汰落后产能、调整产业结构仍具有非常重要的借鉴意义。但是我们在这里需要指出的是，无论是“供给经济学派”，还是“里根经济学”，都存在片面强调供给管理、忽视需求管理的缺陷，只看到了经济现象，不注重生产关系和制度根源的分析，因此提出的解决方案可能也是治标不治本的。另一个重要的事实是里根的减税政策在实施多年之后，带来的一个结果是财政赤字，而不是拉弗预言的财政盈余，因此有些经济学家认为美国的平均税率可能并非位于所谓的税收禁区。

3. 新制度经济学派

新制度经济学派的代表人物有诺斯和科斯，由于他们两人都获得过诺贝尔经济学奖，这使得该学派声名鹊起。新制度经济学派的主旨是市场导向、自由经济以及反对政府干预。该学派运用新古典经济学的逻辑，从微观角度分析制度的形成、变迁和制度对经济效率的影响。企业产权理论、交易成本理论以及制度变迁理论共同构成了新制度经济学派的三大分支。新制度经济学派最突出的特点是对不同经济制度在效率上的合理性进行比较。

科斯在1937年发表了《企业的性质》一文，在其中提出了“交易成本”的概念，后来又在1960年发表了题为《社会成本问题》的文章，在该文中他提出了后来被称为“科斯定理”的思想。“科斯定理”认为，在产权界定清晰和交易成本为零的前提条件下，无论最初如何界定产权，都不会影响最终资源配置的效率。诺斯则用产权理论分析了西方近两个世纪中所发生的工业化，探究西方经济增长的原因，经济增长和制度变迁的关系，产权和经济发展的互动关系等内容。

供给侧结构性改革涉及的创新不仅仅是技术的创新，还包括非常广泛的制度创新，这对于形成良好的市场环境、促进竞争、实现可持续发展非常重要，因此制度经济学的理论对于我们而言，无疑具有重要的参考价值，但是需要注意的是，简单的私有化和自由化并非“灵丹妙药”，一吃见效，其逻辑并不能解决中国经济的深层次问题。

二、对中国供给侧结构性改革的借鉴意义

中国经济所面临的问题显然比前述三个理论所试图解决的困境更为复杂。因此从上述任何单独的角度进行思考，虽然都有一定借鉴意义，但却比较片面。一是按照中央经济工作会议后发布的公报，“供给侧结构性改革”是为了适应和引领“新常态”而提出的，其直接目的是扩大有效供给。强调供给侧的改革绝不意味着对需求侧的否定，而实际上是要改变过去那种只通过需求刺激经济的片面做法，因为供给和需求是一个问题的两个方面，彼此并不是替代关系，经济的健康、平稳发展离不开供给和需求两个方面的协调和平衡。习近平总书记和李克强总理都曾在不同场合多次强调供给端和需求端协同发力，因为只有这样，才能促进产业升级，化解结构性矛盾，实现供给和需求在更高层次上的新平衡。二是供给侧结构性改革绝非是以私有化和自由化为核心的古典经济学的回归，在短期内需要解决市场失灵造成的供需失衡，因此仍需适度扩张内需，缓解产能，淘汰僵尸企业也需要借助“看得见的手”（政府干预）。只有从长期角度看，随着全面实施结构性改革，从制度层面重构市场，才能释放市场活力，推动政府主导型结构调整逐步过渡到市场主导型结构调整，最终让市场在资源配置中起到决定性的作用。总而言之，必须清楚地认识到，中国目前面临的深层次问题是市场失灵和政府职能转变不到位在不同层次上的叠加，因此，有效的策略不

是以市场彻底取代政府，也并非以更大的计划来代替市场，而是需要针对不同问题使用不同的工具进行综合治理。

认识中国经济新常态需要寻找理论基础，在具备国际视野的基础之上，还要认真研究我国的实际情况。不能把我国面临的结构性问题简单地归结为全球分工体系的重构，因为多年来我国一直强调外向型发展战略，并围绕这一战略进行相关制度和政策的建设，今天这一战略已经很难适应我国和世界经济发展的新形势，因此战略重组以及结构性调整的相关政策就成为供给侧结构性改革的关键，而且不能把结构性调整政策独立于世界分工体系和经济再平衡之外。根据国际货币基金组织的数据，全球贸易在 2015 年下降了 12%，我国需要在全球新的产业链和分工格局中重新找到自己的位置。

《人民日报》在 2016 年 1 月 4 日刊登了题为“七问供给侧结构性改革”的文章，文中指出：“推进供给侧结构性改革，是以习近平同志为总书记的党中央在综合分析世界经济长周期和我国发展阶段性特征及其相互作用的基础上，集中全党和全国人民智慧，从理论到实践不断探索的结晶。”因此，供给侧结构性改革的理论基础应当是以马克思主义政治经济学为基础、以新常态理论为创新内容的中国特色社会主义理论。这包括以下几个方面：

马克思主义也分析供求关系，但是与凯恩斯主义和供给经济学派不同，马克思主义不是单方面强调供给和需求，而是更注重两者之间的综合关系。马克思主义政治经济学把社会经济的发展过程分为生产、分配、流通和消费四个环节。这四个环节之间是相互联系、相互制约的对立统一关系，中国经济目前所处的“新常态”说明在这四个环节都存在失灵，有市场失灵，也有政府失灵，因此显然需要从多环节中寻找答案。在这四环节中，起支配的作用的是生产。生产环节的所有制和企业劳动关系、治理体系以及竞争体系等方面是资源配置问题的根源所在，因此推进供给侧结构性改革，要从生产环节入手，推动化解过剩产能，降低成本，发展新兴产业，增加公共产品和服务的供给，提高供给结构对需求变化的适应能力。

马克思主义政治经济学认为，生产关系和生产力是对立统一的关系：生产力的不同发展阶段决定着生产关系的不同性质，同时生产关系又制约着生产力的发展。根据这一原理，一方面在供给侧结构性改革中，根本目的是最大限度地解放和发展生产力，这包括提高资源配置效率和要素生产率、实施创新驱动发展战略、促进产业升级等内容，具体而言，去产能、去库存、去杠杆、降成本、补短板构成了五个重要的切入点。另一方面，还必须从生产关系的角度来认识供给侧结构性改革，研究现存的生产关系是否对我国社会生产力产生能动作用。要建立适应生产力发展的生产关系，就必须发挥社会主体的能动性，建立激励相容的动力机制，通过协调各种利益关系，形成和谐共荣的生产体系、分配体系和交换体系。建立新型的、适应生产力发展的生产关系需要全面深化经济体制改革。以国有制企业为核心构建新型所有制模式，发挥政府、国有企业和民营企业在不同环节的创新作用，构建平等的竞争体系；进一步处理好中央政府和地方政府的关系以及政府与市场的关系。

综上所述，在借鉴现代经济学理论发展的基础上，将政治经济学原理与中国经济发展新阶段所出现的实际情况相结合，不断丰富中国特色社会主义理论，这才是中国供给侧结构性改革所应该依靠的理论基础。

综上所述，供给侧结构性改革的理念是尊重市场规律，用利益调整经济主体（供给者）的行为，市场行为的核心是竞争，竞争的结果是淘汰，所以我们必须用合理的规则，防止逆向选择即优者被淘汰、劣者被留下的反向淘汰行为，避免“劣币驱良币”的状况发生，真正实现优胜劣汰。用优胜劣汰的市场竞争规律，淘汰高能耗、高成本、管理不善、决策失误的企业，减少低端产能，实现供求均衡。同时在优胜劣汰的竞争中，稀缺的经济资源向优势企业集中，使强者更强，提高产品的质量和技术含量,实现产业整体提升。解决高端产品供给不足的结构性问题。解决深层次的经济矛盾、重新实现经济均衡,完成经济转型和结构调整目标。所以,供给侧结构性改革必须坚定地推进市场化的体制改革,这是一场"输不起的战争"。

第二节　供给侧结构性改革的主要内容

2015 年 11 月,在中央财经领导小组会议上,习近平提出,要"在适度扩大总需求的同时,着力加强供给侧结构性改革";之后在 G20 峰会、APEC 会议上,习近平则将"重视供给端和需求端协同发力"作为促进世界经济发展的"药方";同期的国务院常务会议同样强调,要"培育形成新供给新动力扩大内需"。在此之后,"供给侧结构性改革"开始成为一个高频词。那么供给侧结构性改革具体包括哪些内容?要改革什么?如何改?从中央领导人谈话以及专家解读来看,主要包括以下五个方面。

一、工业去产能

任何处于主流的技术和产业在经历过一段时间之后都会进入成熟化和老化的阶段,因此如果仅仅通过财政政策和货币政策进行需求刺激,是不可能从根本上解决技术周期和供给老化问题的。同样,当一个国家的经济结构出了问题,有太多处于供给成熟和供给老化阶段的产业,那么需求刺激就无法改变经济结构转型的问题。因此,在实践中,有效的做法是通过"放松供给约束"的系列政策大幅度降低企业生产成本,打破生产销售僵局,让市场通过成本价格传导机制快速消化过剩产品,在较短时期内恢复均衡,并通过要素转移更新供给结构。新供给会带来新需求,从宏观角度可以恢复经济均衡,从微观角度也是如此。例如，在苹果手机问世之前，对智能手机的需求是不存在的，有了更高层次的供给，新的需求就被源源不断地创造出来。一旦资本、资源、劳动开始向新供给集中，老产业的产能过剩终将自然消除，整个经济不但恢复均衡，而且将带来新的增长。

供给与需求动态均衡的打破属于经济增长过程中的阶段性、局部性问题，它可以随着资源逐步向新产业领域配置而消解。这时应该避免两种错误政策，一是用带有计划经济色彩的手段比如产业政策去彻底破坏市场机制，这样做可能会产生新的过剩问题。二是用传统凯恩斯主义的手段人为扩大旧产业和旧经济的总需求，这无异于南辕北辙。正确的做法应当是充分利用市场调节的手段，恢复“供给与需求的自动平衡机制和最终均衡状态”。

我国大型国企面临的一个重要问题就是产能过剩。这正是以前不尊重客观的供给需求规律，盲目刺激需求造成的结果。因此，化解落后的、过剩的产能便成为供给侧结构性改革的首要任务。

2016 年 1 月 4 日，李克强在太原主持召开钢铁煤炭行业化解过剩产能、实现脱困发展工作座谈会，“去产能”被列为 2016 年五大结构性改革的任务之首。化解产能需要发挥中央和地方政府两方面的积极性，发挥企业的主体精神，要运用市场化和改革的力量来完成。对于政府而言，具体工作包括，一方面是从全局进行部署，坚决淘汰落后的产能，消化一部分过剩产能；另一方面要统筹解决所需资金、人员安置和债务处理等问题，帮助企业在调整结构中实现扭亏脱困增盈，走上发展的新路，促进经济平稳运行。

1. 实现市场化的改革，解放生产力，强调竞争，以市场化的手段消灭僵尸企业，淘汰落后产能

根据中央的要求，要根据市场的需求设定钢铁、煤炭的全国总量上限，不能再增加产量，尤其是不能以技术改造为理由扩大产能，要坚决将环保、能耗、安

全生产不达标以及生产不合格产品的产能淘汰退出，并将这些内容纳入地方政府考核体系，加强社会监督，防止死灰复燃。这里我们还需强调的是，真正需要关闭的僵尸企业是那些产能落后的企业、高污染的企业、没有市场前景的企业，对于新兴产业中的产能过剩，则需以市场化手段逼迫其进行资产重组，获得重生。

2013 年 3 月，无锡尚德太阳能电力有限公司这个中国光伏产业的龙头企业在 9 家中国银行的压力下被法院勒令破产重整。这是一个通过市场手段化解过剩产能的正面例子。在介绍这个例子之前，我们首先简单回顾一下中国光伏产业由盛转衰的过程。2005 年以来，中国光伏产品制造呈现出迅猛的态势。在 2008—2012 年的 5 年中，中国光伏产品制造能力提升了 10 倍，造成严重的产能过剩，这直接导致了太阳能组件价格的暴跌，因此严重损害了中国企业自身以及整个国际光伏产业的效益。根据相关数据显示，在 2012 年上半年，海外上市的中国光伏企业的毛利润不到 1%，而尚德在破产时净亏损额高达 16 亿美元。中国光伏企业产品外销率在 90%以上，严重依赖海外市场，2008 年爆发金融危机以后，外需下降，2011 年，欧盟和美国又加强了对中国光伏产品的反倾销调查，这对光伏产业可谓雪上加霜。在这种情况下，光伏企业纷纷将目光转向国内，希望政府出台措施刺激国内的需求。但是由于过剩产能太多，这些措施也是杯水车薪。另外，中国光伏企业在发展过程中，不重视技术革新，一味地通过扩大规模来降低成本，由于有政府的大力扶持，企业能够从银行获得大量低息贷款，于是企业从国外采购设备，扩大厂房来进行大量生产，却很少用于研发，这种现象也大量存在于其他行业中。这种政府主导的投资拉动经济的方法是造成今天产能过剩的一个重要原因，背后反映的是政府主导和市场调节的深层次矛盾。

2005 年，尚德公司在美国纽约证券交易所上市，成为第一家在美国主板上市的中国民营企业。鼎盛时期,该公司在全球拥有 1.1 万名员工,成为中国最大的光伏企业,并跻身全球四大光伏企业之列。2006 年,尚德电力光伏组件产能达到 2.4 吉瓦,股价达到 40 美元以上,被视作代表整个光伏产业光明未来的“信心”。但是由于产能过剩导致的行业性亏损以及公司一系列战略决策错误等,企业迅速走入下坡路。成本费用高企,产能利用不足,负债率大幅攀升,生产经营和财务状况持续恶化,最终陷入资不抵债的困境。对于法院裁定企业破产的做法,业界认为这种用市场化的方式解决企业困境的方法不失为一剂良方。正如中国光伏产业联盟主席王勃华所言:“无锡尚德的破产重组,是中国光伏产业在全球金融危机下,遭遇全球产能过剩和欧美对华反倾销调查危机之后,行业去产能的标志性事件。”政府始终没有直接施以援手,而是选择用市场化的方式让企业剥离垃圾资产,换血重整之后再吸引投资者。

与之相比,有些地方的企业在陷入困境之后,得到地方政府的直接救助,但是资产并没有得到优化,直接干涉的做法对于需要削减产能的行业而言只能起到反作用。如果企业不担心被破产重组,难免投资冒进,再加上经营不善,也许早已失去了创造财富的功能,但是这样的企业如果仍然依靠公共资源苟延残喘,就会变成毫无价值的僵尸企业。这种现象的存在,是对市场纪律的破坏,企业试图将规模做大来“绑架”政府,增加了道德风险(经济学上所说的道德风险指的是从事经济活动的人在最大限度地增进自身效用的同时做出不利于他人的行动。这通常是在信息不对称的情况下产生的,即一方不掌握另一方的全部信息)。政府无法有效监督企业的每一个经营细节,企业规模巨大,倒闭会造成非常严重的后果,所以企业认为政府必要时一定会伸出援手,有了政府做靠山,企业不按照经济规律办事,野蛮生长,并没有动力进行创新,发生危机时再找政府支持。尚德的破产可以看作是对冒进企业的必要的市场惩罚,是对扭曲的传统政商关系的一种纠正,有利于市场经济的健康发展,因此具有非常重要的意义。

美国底特律汽车产业也曾因规模巨大而两次得到政府的救助，直接后果是制约其发展的深层次矛盾得不到解决，国际竞争力落后于德国和日本的汽车企业。2008 年雷曼兄弟破产的消息传出，很多人欢呼这是市场经济的胜利，这显然不是幸灾乐祸，因为道德风险的存在会腐蚀市场经济的效率。破产机制的应用，使得在经济繁荣时期过度膨胀的过剩产能得以清除，深层次的结构矛盾才能得以化解，这一机制在国内长期不能发挥作用，是产能过剩难以消除的重要原因。

需要强调的是，工业去产能并不是简单地减少数量，更重要的是提高质量。例如，央企重组在 2010 年之后改变了过去的那种以减少数量为目标的激进思路，现在更强调“数量服从质量”，遵循“成熟一家，重组一家”的原则。在具体方式上，除了横向联合以外，更注重纵向战略重组。2015 年共有六对央企重组，其中国南车和中国北车、中国远洋和中国海运两对属于横向重组，其他四对央企则实施了纵向重组战略，包括中国外运长航集团整体并入招商局集团，中冶整体并入五矿等。2016 年政府工作报告提出，今明两年要以改革促发展，坚决打好国有企业提质增效攻坚战。国企改革在 2016 年将迎来政策落实年，可以预计，下一步以市场化为主导的国企兼并重组将进入全面加速期。目前国务院国资委直接监管的央企数量已降至 106 家，据估计，到 2016 年年底将会进一步缩减到 100 家以下。钢铁、煤炭、航运、建筑建材等行业由于产能过剩较为严重，可能会率先推动行业内央企重组整合。在政策引导之下，兼并重组以及破产清算这两种手段无疑是改革的主要方式。尽管改革过程中可能存在阵痛，但长远来看则有望发生彻底蜕变。央企重组不仅可以避免恶性竞争，还可以加强企业在资金、技术和资源等方面的互补，有利于进一步提升国际竞争力，其背后的主线就是供给侧结构性改革和“一带一路”的战略规划。这其中的一个核心问题是建立公开公平的规则，完善和发挥资本市场在国企改革中的作用，让更多的国有资产可以在公开公平的平台上进行优化配置，让兼并重组获得更大的产业效应。

2.分流过剩产能的途径

分流过剩产能可以通过几个途径实现：一是通过“一带一路”实现跨国分流；二是发展新兴产业；三是产业提升，发展精工制造。

“一带一路”是“丝绸之路经济带和21世纪海上丝绸之路”的简称，这个概念是习近平在2013年访问中亚和印尼的时候提出的，同年11月，党的十八届三中全会《关于全面深化改革若干重大问题的决定》要求“加快同周边国家和区域基础设施互联互通建设，推进丝绸之路经济带、海上丝绸之路建设，形成全方位开放新格局”。至此“一带一路”成为国家战略。这个战略是在后危机时代我国经济内外发展环境变化的背景下提出的，其实施非常有助于我国过剩产能向海外转移。“一带一路”沿线许多国家的基础设施相对落后，建筑和制造业领域的缺口很大，我国企业可以通过对外承包基础设施建设工程实现钢铁、水泥以及建筑材料等行业的产能转移，将其转变为新的投资。我国和“一带一路”沿线的国家具备很好的经贸基础，相互开放程度不断提高，生产要素流动的障碍在不断变小，这些因素都有利于过剩产能的转移。具体合作形式也逐渐由传统的产品出口转向“投资和贸易”的形式。据统计，2015年一季度我国与“一带一路”沿线国家双边贸易额达到2360亿美元，占全国进出口额的26%。在“一带一路”沿线国家共有70多个在建合作项目，建区企业基础设施投资超过80亿美元，将带动入区企业投资近100亿美元，预计年产值超过200亿美元，可以为当地创造20万个就业机会。除了基础设施之外，我国与“一带一路”沿线国家在资源开发与能源合作方面也有广泛的合作空间，在此基础上，建立能源消费和生产市场也有助于我国过剩产能向外转移。

为鼓励企业走出去，政府应当给予一定的政策性支持，特别是在“一带一路”中商业、金融环境不完善的国家和地区，政策上应当有所放宽。丝路基金、亚投行以及金砖银行可以为中国企业走出去提供有效的多元配套金融服务。还可以借鉴我国在高铁以及核电领域进行资源整合的经验，组建有国际竞争力的钢铁、建材、汽车集团，增强国际竞争实力。但是归根到底，需要通过市场化的手段整合资源，要始终以企业为主体，才能加快走出去的步伐。

分流过剩产能的第二个可能途径就是发展新兴产业。战略性新兴产业包括新一代信息产业、节能环保新能源、生物、高端装备制造、新材料、新能源汽车等，这是对中国未来有战略意义的产业。从人类历史发展来看，科技和经济一直是互利共生的关系，每一次的科技革命都能引起产业革命，推动经济的高速发展和转型。第一次科技革命是 18 世纪的蒸汽机和机械革命，关键技术包括动力和机械等，并推动了第一次产业革命的发展，主导产业包括纺织、煤炭、钢铁、铁路等。第二次科技革命是 19 世纪的电力和运输革命，随后引发了第二次产业革命，主导产业包括电力、石化、钢铁、汽车和家电等。第三次科技革命是 20 世纪电子信息技术的进步，与之相关的第三次产业革命是自动化和信息化产业的革命性发展。有观点认为，第三次科技和产业革命分两个阶段，第一阶段是电子和自动化，关键技术包括电子、自动控制、激光、材料、航天和原子能等，主导产业包括电子工业、计算机、原子能、航天和自动化产业等；第二阶段是信息化和智能化阶段，关键技术包括信息、云计算、量子通信、智能和绿色等，主导产业包括信息产业、电子商务、物联网、无线网、大数据、智能制造（3D 打印）、先进材料、智能机器人、智慧城市、绿色能源和生物产业等。

世界经济在经历了国际金融危机之后发生了深刻调整，新一轮的科技革命在政府和市场的共同推动下方兴未艾，战略性新兴产业不断涌现。新技术和新产业成为各国竞争的制高点。正确认识当前全球新一轮科技创新的趋势和特点，对于打造我国全球竞争的新优势有重要意义。

据专家估计,21 世纪很可能在生命科技、信息科技和纳米科技的交叉结合部,发生以"新生物学和再生革命"为中心的新的科技革命和产业革命。主要涉及五大学科:整合和创生生物学将解释生命本质,思维和神经生物学将解释人脑工作原理,生命和再生工程将实现生命体的工程化和产业化,信息仿生工程将实现人脑的信息仿生,纳米仿生工程将实现人的躯体仿生。这场科技革命从技术角度看是一次"创生和再生革命",主要包括五大技术:信息转换器技术可实现人脑与电脑之间的直接信息交流和转换,人格信息包技术可实现人脑的电子备份与虚拟再现,仿生技术可实现人体的仿生备份和躯体仿真,创生技术将创造新的生命形态和生命功能,再生技术将实现生物体的体内和体外再生。这场科技革命从产业角度看,可能引发"仿生再生和生物经济革命",主导产业包括:新一代生物技术产业将实现现有生物产业的升级换代,拟人化的信息和智能产业将实现信息转换器和人格信息包技术的商业应用,仿生和创生产业、再生产业等。届时,人类文明有可能进入"再生时代",人类个体将获得自然人、网络人、仿生人和再生人四种存在形态。围绕这四种形态的客观需求,将形成新的科技群和产业群。

科技创新历来都是高风险的活动,技术的发展和环境的不确定性使得科技创新变得日益复杂,单个企业实际上很难独立完成日益复杂的创新活动。因此来自政府的支持是很重要的推动力。例如,日本企业的科技创新能力强就离不开政府的支持,但是日本的科技立国方针主要是指政策推动,并非大规模的政府政策倾斜。政府营造良好的经济环境,提供系统的政策环境,企业以此为依托,通过自身的经济活动来追求其经济利益的最大化。科技创新应交由市场来引导,由企业来承担风险。政府大规模直接参与,以举国之力推动全面科技创新并非明智之举,而且这样做很容易引发新的产能过剩和无效投资。科技创新是持续进行的过程,企业比政府更能有效地把握市场信息的变化,因此比政府更能做出有效、及时以及准确的应对。

消化产能过剩的第三条途径也是最重要的途径是用创新的思维促进产业提升。我国的产能过剩是一种典型的结构性过剩，即低端的产能过剩与高端产能供给的严重不足同时并存。目前我国制造业规模已经排名世界第一，许多工业品的产量甚至超过其他国家和地区的总和，但是我国却不是制造业强国，人均规模甚至不及制造业强国如美国、日本、德国的三分之一。我国制造业不但技术落后、资源利用率低，而且出现产能过剩、利润持续下降等问题。发达国家推出所谓的“再工业化”战略，企图在技术、产业方面继续保持领先优势，抢占制造业高端，进一步拉大与发展中国家之间的差距，另一方面，发展中国家以低廉的劳动力成本承接了越来越多的劳动密集型产业，抢占了中低端市场。因此我国的制造业面临的是来自两方面的挑战和夹击。

为改变这种局面，使我国由制造业大国转变为制造业强国，国务院于2015年5月8日正式颁布了《中国制造业发展纲要2015—2025》，简称《中国制造2025》，又被称为“中国版工业4.0规划”，这是我国实施制造业强国战略的一个十年行动纲领。《中国制造2025》提出通过“三步走”实现制造业强国的战略目标：第一步，到2025年迈入制造业强国行列；第二步，到2035年我国制造业整体达到世界制造业强国阵营中等水平；第三步，到新中国成立一百年时，我国的制造业大国地位更加巩固，综合实力进入世界制造业强国前列。围绕实现制造业强国的战略目标，《中国制造2025》明确了九项战略任务和重点：一是提高国家制造业创新能力；二是推进信息化与工业化深度融合；三是强化工业基础能力；四是加强质量品牌建设；五是全面推行绿色制造；六是大力推动重点领域突破发展，聚焦新一代信息技术产业、高档数控机床和机器人、航空航天装备、海洋工程装备及高技术船舶、先进轨道交通装备、节能与新能源汽车、电力装备、农机装备、新材料、生物医药及高性能医疗器械等十大重点领域；七是深入推进制造业结构调整；八是积极发展服务型制造业和生产性服务业；九是提高制造业国际化发展水平。《中国制造 2025》还明确提出，通过政府引导、整合资源，实施国家制造业创新中心建设、智能制造、工业强基、绿色制造、高端装备创新等五项重大工程，实现长期制约制造业发展的关键共性技术突破，提升我国制造业的整体竞争力。为确保完成目标任务，《中国制造 2025》提出了深化体制机制改革、营造公平竞争市场环境、完善金融扶持政策、加大财税政策支持力度、健全多层次人才培养体系、完善中小微企业政策、进一步扩大制造业对外开放、健全组织实施机制等八个方面的战略支撑和保障。

安邦咨询(ANBOUND)在研究德国工业样本的时候，提出了一个新的概念——“精细制造”，目的是强调和揭示中国制造业的未来发展之路。与“工业 4.0”的概念不同，安邦咨询的研究人员并未特别强调互联网在工业制造品方面的作用和价值，他们认为，互联网作为一种效率工具会改变工业品的制造，但无法改变工业品本身，只要市场对工业品的需求没有发生根本的改变，则工业品的制造就会依然延续制造业规律，继续走一条由粗到精，由数量到品质，由产品到设备的发展道路。根据他们的解释，精细制造包含下列元素：

(1)文化。工业美学在精细制造的工业品领域具有极高的价值，因为精细制造并非是在制造普通的、大众化的工业品。上乘的工业品一定具有美学特点，像创造艺术品一样制造工业品是所有精细制造产品的共同特点。长期以来我们的工业品总是以廉价著称，讲实用，轻质量，更不重设计，这和缺乏美学素养有关。中国人到日本买马桶盖，到德国买厨具，反映了我国的工业品制造已经无法满足消费者的更高要求。

(2)品牌。品牌形象的建立(广告)与精细制造的产品紧密相关，品牌广告所营造出的技术氛围和艺术氛围，往往决定了产品的层次和地位，所以品牌形象的建立与精细制造是一体的。德国工业品不仅具有良好的技术品质，通常还具有极佳的品牌形象，这也是“大众柴油车事件”震惊德国上下的原因，也是德国司法机关查抄大众公司的原因。

(3)质量。质量是任何一个产品的基础性因素，好的产品，一定要有好的品质，精细制造只是更为强调品质的持久性。

(4)圈层。精细制造的产品，价格往往10倍于普通产品，因此精细制造的产品，对应的市场圈层也不同。通常这是一个购买力更高的群体。随着我国经济的发展，这个群体的购买力会越来越强，品位也会越来越高。

(5)技术。技术特点和技术研发是维持精细制造的基础因素之一，只是精细制造特别强调的是技术的持久性。精细制造的产品，不是通过引进可以产生的，它一定是在持续研发的基础上才能诞生。因为只有这样，才能确保产品持续地保持其市场声誉和品牌形象。即便是采取了全球化的生产方式，其核心技术也必须充分掌控，犹如苹果公司所做的那样。

(6)教育。精细制造必须仰赖教育环境的支持，只有那些拥有优良教育环境的国家和地区，才能拥有精细制造工业。因为无论是艺术品位还是技术品质，无论是文化还是加工人员的素质，都与教育息息相关。

精细制造极大地超越了工业模仿的阶段，是我国未来制造业的一条非常重要的出路，但是需要长时间在技术、教育和文化方面的积累。

产业和产品的提升是实现工业去产能中非常重要的一环。实现产业的提升包括三个方面的内容：首先，用创新精神形成产品的技术和品牌，用产品的差异性竞争力提高产品的附加值。我国低端制造业过剩，高端制造业不足，这是由我国企业的技术含量普遍较低造成的。由于市场广大，很多企业缺乏创新思维，只迷恋于打价格战，扩大市场份额，造成产品的同质化现象非常严重，因此有些企业为了牟利，便开始偷工减料，追求短平快的利益，产品质量随之下降，如此形成恶性循环。要改变这种状态，必须给企业以准确的预期，使其转换观念，发扬工匠精神，把产品做精做细，重视技术创新，树立品牌战略，不断提高产品的附加值。其次，通过市场竞争实现优胜劣汰，减少过剩产能；同时实现资源由弱势企业向强势企业的转移，提高产业的层次。由于地方政府在经济发展的过程中出台了名目繁多的产业扶持政策，导致很多没有效益的企业占据了大量有限的社会资源，扭曲了市场信号，产业提升的方式应当是通过市场竞争，将资源配置到效益最好的行业和企业，推动优势产业和企业集聚发展。第三，政府在产业升级的过程中，要有所为，有所不为，坚持市场配置资源的同时，为创新和创业者提供优化的市场环境。政府不应该直接干预资源的有效配置，而是必须在两方面发挥作用，一是保护自由竞争，二是保护知识产权。因为创新和产业升级实际上是没有办法进行具体规划和准确预测的，只有依靠市场、依靠企业，政府采取过多的直接政策干预非但无助于达成既定目标，反而会产生寻租等负面问题。

二、房地产去库存

2015 年 12 月召开的中央经济工作会议已经将房地产去库存列为 2016 年我国经济工作的五大任务之一，是供给侧结构性改革的一个重要方面，是防范和化解区域性房地产风险和金融风险的重要举措。据国家统计局数据，2015 年全国房地产库存达到 7.18 亿平方米，同比增长 15.6%。而根据住建部部长陈政高 2016 年 3 月 15 日公布的数据，截至 2016 年 2 月底，全国房地产库存又升至 7.39 亿平方米，增速达到 15.7%，去库存压力非常巨大。通过总结我国各地的实践经验，房地产去库存可以通过以下几条途径来实现。

1. 通过推进新型城镇化去库存

继刚性购房者、改善性需求购房者之后，农民工已经成为中央政策层眼中“能够支持住房消费”的庞大购房群体。因此 2015 年 12 月召开的中央经济工作会议提出，将推进农民工市民化作为化解房地产库存的重要方式之一。2014年我国农民工已达2.74亿人，适婚年龄（16～30岁）人口和青壮年（31～50岁）人口分别占到34%和49%，这一群体具备一定的城镇定居意愿。外出农民工1.68亿人，也存在一定的首购及改善性需求。2016年政府工作报告提出，在“十三五”期间，要深入推进以人为核心的新型城镇化，实现1亿左右农业转移人口和其他常住人口在城镇落户，完成约1亿人居住的棚户区和城中村改造，引导约1亿人在中西部地区就近城镇化。到2020年，常住人口城镇化率达到60%、户籍人口城镇化率达到45%。根据中国社会科学院城市与竞争力研究中心的数据，如果按照未来5年1亿人城镇化计算，如果70%的家庭人口在城镇购房，每年以农民工为主体的购房需求可以达到4.6亿平方米，5年总共有约23.1亿平方米，潜在需求非常巨大。

为了避免去库存的调控政策演变为对楼市的大规模刺激，未来楼市政策势必将侧重于针对性较强的手段。目前，山西、山东、甘肃等省已明确出台政策，鼓励引导农民进城购房。例如，山东将对农民进城购房给予契税补贴、规费减免、贷款贴息、物业费补贴等政策，以使其成为长期稳定的住房消费群体。从中央层面而言，住建部已经开始研究扩大公积金缴存基本面，将农民工纳入公积金缴存主体范围，方便农民贷款。

为了避免房地产去库存演变为“中国版的次贷危机”，除了需要来自中央和地方政府的政策引导和倾斜之外，还需要产业政策的配合，给新市民以稳定收入来源。另外，更为重要的则是户籍制度改革，2016年政府工作报告和国务院批转的《关于2015年深化经济体制改革重点工作的意见》均提出“抓紧实施户籍制度改革”。据统计，目前全国已有10多个省区市正式出台了本省区市的户籍制度改革意见。其中多地明确提出“取消农业户口与非农业户口性质区分”的时间表，并明确建立居住证制度。值得注意的是，《居住证管理办法》有望正式出台，这将为各地落实居住证制度提供指导。户籍制度的改革将使得新市民拥有同等的教育、医疗、文化和住房保障等公共服务的权利，降低劳动要素跨区域流动的交易成本，提高整个社会的效率，从而使住房的潜在需求转变为有效需求。

2016 年政府工作报告中还指出，“鼓励农户依法自愿有偿流转承包地，开展土地股份合作、联合或土地托管”。今后一段时间内，我国面临的一个重要任务就是积极、稳妥、有序地推进农村土地承包经营权改革试点，培育和形成土地经营权流转市场，制定和完善相关法律法规，使广大农民的承包土地经营权在确权登记的基础上进行流动、转让或交易。这是支持农民工市民化从而有效去库存的非常重要的一个环节。

2.深化住房制度改革

建立购租并举的住房制度，发展住房租赁市场，鼓励自然人和各类机构投资者购买库存商品房，使其成为租赁市场的房源提供者，鼓励发展以住房租赁为主营业务的专业化企业，这一出路是由我国的房地产市场的现状决定的，据全国第六次人口普查的统计资料，我国有 25.8％的城市居民租住住房，其中廉租房的比例为 2.7％，私人出租房的比例为 23.1％。而在许多发达国家和地区，机构出租房源往往能占到租赁总供给的 25％～30％。在传统模式下，去库存是以房屋销售而非租赁为主要动力的，过去过度依赖此种模式，去库存的思路因此过于狭窄，而通过培育发展住房租赁市场，引导房地产开发企业租售并举，鼓励各类机构投资者购房出租，既可满足中低收入人群的住房需求，又可消化房地产库存。

从市场的角度而言，要引入机构投资者购买商品房，形成成熟的住房租赁市场，需要相关政策的配合。目前的情况是商业物业的出租回报率大大高于住宅的出租回报率，因此资本更趋向于商业物业。政府可以通过税收优惠的方式保证机构投资者有合理的回报率，另一方面则是鼓励银行提供更宽松和更高效的贷款服务以促进租赁市场的形成。另外，培育独立的、专业的房地产评估机构、中介服务机构也是建立健全租赁市场不可或缺的条件。

3.鼓励房地产企业顺应市场规律而降价，兼并重组

在培育健全的房屋租赁市场的基础上，可以鼓励开发商将房地产让利出售给机构投资者，这样不会给市场带来太大的冲击，也不会引起已经购房者的不满情绪。另外，我国房地产企业的现状是绝对数量很大，规模较小，企业开发能力非常有限，经营业务比较狭窄，效益自然不高。因此，对于我国房地产企业而言，进行并购与重组不仅可以有效扩大企业规模、提高经济效益，同时也是以小博大、提高竞争力的有效手段，有利于最终形成一些具有较强实力的多元化经营的综合房地产企业。

引导房地产价格逐步回归理性是房地产去库存的一个核心问题，要做到这一点，就不能通过行政命令的方式去库存，尤其是不能向国有企业分配任务，要求其购买一定数量的房地产。这样做不是在解决问题，而是在进一步掩盖问题，是把国有资产送给了开发商，库存从房地产商转移到了国有企业，并没有减少，而且变相鼓励了房地产商，导致其极有可能继续增加库存。

4.取消限购，并给予住房以税收支持

进入2016年以来，全国除了一线城市以外，大部分地方已经取消了各种限购，并通过各种财税政策支持去库存。这将有利于减轻购房负担，刺激房地产需求。与之相反的是，一线城市的房地产则在经济下行的前提下出现了反常的猛烈增长，一般认为，这种上涨可能与宽松的货币供给有关，这引起了社会的普遍担忧，考虑到以加杠杆的方式购买住房，可能会导致系统性的金融风险，因此一线城市又纷纷出台更严格的限购措施。从长远来看，建立楼市的长效机制，应该杜绝使用限购这样的行政干预手段，而房地产市场的双轨制更合理，即一

方面政府通过税收政策等手段托底，在保证低收入人群居有定所的同时，也能有效化解房地产库存，另一方面，商品房市场应该交给市场进行调节，并可以在一线城市试点征收房产税，对自住性住房和投资性住房在税率上进行区别对待，因为投资性住房价格的上下浮动不会对社会稳定构成威胁。

5. 改革住房公积金制度，通过宽松的住房公积金政策去库存

推进异地贷款、提高贷款额度、延长贷款年限、放宽提取条件等公积金政策也能有效提升居民购房能力。

三、生产过程降成本

我国实体经济普遍面临着成本偏高等问题，导致企业竞争力不断下降。帮助企业有效降低成本，可以从以下方面入手。

1. 降低企业制度性成本，包括融资成本以及各种交易成本

降低企业制度性成本，以此切实帮助企业降低杠杆率，减轻负担，提高创新能力和全要素生产率，增强竞争优势，同时还能提升资金的供给效率。换言之，降低制度性成本就是要减少政府对市场和企业的不必要干预，降低了这个环节的成本付出，企业就能够更加“轻装上阵”。应该借鉴自贸区建设中的“负面清单”原则，创造高标准的法制化营商环境。简政放权，降低门槛，减少准入控制，改革监管方式，优化服务，推动全国统一的行政审批标准化改革。合理调整企业根据《劳动合同法》规定为员工缴纳的各种费用，利用大数据建立覆盖全国法人、自然人的信息信用系统，执行统一的市场监督监管规则，最大限度地减少企业的社会交易成本，为企业创造良好的经营环境。

2. 降低税费

为了解决增值税和营业税并存导致的重复征税问题，我国目前正在进行一项最重要的税制改革，也是最大的一项减税计划——“营业税改增值税”，即将

原来的征收营业税改为征收增值税。营业税是企业劳务和商品课税的传统形式，其目的在于取得财政收入，其征税对象广泛，平均税率较低，而且实行多环节课税，由此产生重复征税的问题，企业负担沉重。因此在实行增值税的国家，大部分营业税已经被改为增值税，而且对于营业税而言，无论企业经营是否获利，都应该向税务部门缴纳。而对于增值税，企业只有在经营过程中获利，才按照比例纳税。增值税是最重要的流转税之一，理论上说它最大的特点就是能最大限度地消除营业税的重复计税、不能抵扣、不便退税的弊端，达到“逐层征税，逐层抵扣”的目的，因此对于大部分企业而言，这项改革有利于降低税收负担。

国家颁布的《增值税暂行条例》中，对原有的不同企业的税率进行了调整，除了原有的17%的标准税率和13%的低税率之外，还增加了最低为6%的低税率，这非常有利于一些中小企业合理利用资金，增加发展机会。另外，除了降低企业税负的作用之外，“营改增”还改变了市场经济中的价格体系，把营业税的“价内税”变成了增值税的“价外税”，形成了增值税进项和销项的抵扣关系，这将深层次地影响到产业结构的调整，深度推动现有营业税纳税人之间加深分工协作，从制度上使得增值税抵扣链条贯穿于各个产业领域，消除目前增值税和营业税纳税人在税制上的分离，促进各类纳税人之间的分工协作。对于第三产业而言，“营改增”将更有利于第三产业随着分工细化而实现规模递增效应和质量相应提升。另外，产业分工细化还会促进生产和流通的专业化，从而有利于技术进步和创新，增强经济增长的内生动力。“营改增”还会为消费者带来福利，由于企业税负的下降，企业会有更大的让利空间，消费者在市场上购买的商品和服务所包含的税负也会减少，在一定程度上能对内需起到刺激作用。总之，在深化供给侧结构性改革的背景下，“营改增”将对发展服务业尤其是高端服务业、促进产业和消费升级、培育新动能、促进企业的专业化发展和专业化分工协作、深化结构性改革发挥重要作用。

2016年3月18日下午，国务院常务会议审议通过了全面推开“营改增”试点方案，明确自2016年5月1日起，全面推开“营改增”试点，将建筑业、房地产业、金融业、生活服务业纳入试点范围。其中，建筑业和房地产业的税率为11%，金融业和生活服务业的税率则确定为6%。按照方案的要求，“营改增”后要确保所有行业不增负。这标志着至今已试点四年的“营业税改征增值税”改革，或将在“十三五”开局之年全面收官。

实际上，根据“十二五”的规划，“营改增”本应该在2015年完成，但是受经济下行压力以及财政压力的影响，未能实现。

“营改增”成功与否的关键是看能否达到预想的目的，也就是政策方案、法律制度的设计是否能做到科学合理，其中一个核心问题就是中央和地方的利益分配问题，要加快发展和完善地方税收体系，保障地方政府稳定的财政收入，促进地方的和谐稳定，这无疑可以起到倒逼财税体制改革的作用。“营改增”无疑是一项复杂的改革，要看到短期内对财政产生的压力，又要看到长期内对财政可持续增长的积极影响。

除了“营改增”之外，社会保险费也是企业降成本的呼声相对集中的领域，依据世界银行提供的190多个国家社保缴费占利润比例数据，中国是其中第11位，在二十国集团国家中仅次于法国。“十三五”规划的建议提出将生育保险和基本医疗保险合并实施，这表明我国将告别“五险一金”，走向“四险一金”时代。同时还需要加快推进实施基本养老社会保障全国统筹步伐，进一步清理乱收费，降低企业实际综合负担特别是税外负担。

3.进行垄断性要素市场改革，尤其是加紧电力市场化改革，完善煤电联动机制

在我国电力供应充足，煤炭价格下跌的情况之下，降低电价已经和减税等手段一样，成为减轻企业负担的重要措施。我国工业用电量占用电总量的

70%,因此电力市场化改革将会极大地降低企业成本。

电力市场化改革离不开煤电联动机制的继续完善,而这要从我国长期存在的煤电矛盾说起。煤炭是我国电力生产主要依靠的能源。预计到2020年全国电力装机容量将至少达到15亿千瓦时,届时,水电、核电、风电的总容量估计不会超过30%,火电仍然会在较长时间内占据电力行业的统治地位。为建立完善的社会主义市场经济体制,我国在20世纪90年代早期就开始推进资源性价格改革。对煤电产业而言,由于电力价格波动会对生产、生活平稳运行造成影响,我国政府对煤电产业链的价格改革从煤炭市场入手。而随着电煤市场化程度的不断提高,与之形成鲜明对比的是电力市场化程度相对滞后,电价长期由政府控制。电煤价格市场化程度不断提高与电价改革相对滞后逐渐造成了我国煤电矛盾现象。火电企业电煤的实际到厂价是市场价格与重点合同价格的加权平均,权重和价格均是煤电双方博弈的重点。在2003年至2012年年初期间,煤炭价格涨幅过快,造成合同煤和市场煤的价格差距增大,煤电矛盾非常突出,纠纷不断。为了缓和长期煤电矛盾,理顺煤价和电价的关系,国家先后出台了多项政策以兼顾提升电力企业消耗煤价上涨能力和促进社会生产生活稳定。

2004年,国家发改委印发通知,首次推出了煤电联动机制。当时国家规定,以不少于6个月为一个煤电价格联动周期,若周期内平均煤价较前一个周期变化幅度达到或超过5%,便将相应调整电价。2005年至2008年,煤电联动机制曾多次启动。但在2008年之后,煤电联动机制并未得到严格执行。2012年12月25日,煤电联动迎来“新版本”。当日,国务院发布《关于深化电煤市场化改革的指导意见》,明确将继续实施煤电联动,并对联动机制进行了修改:当电煤价格波动幅度超过5%时,以年度为周期,相应调整上网电价,同时将电力企业消纳煤价波动的比例由30%调整为10%。“新版本”拉长了实施周期,调低了电企承担价格波动比例,但煤电联动机制实际上并未能顺利执行。一方面是因为煤价标的不清楚，另一方面则是因为电价调整的敏感性。电价调整不仅关系到发用电企业利益，更关系到各行各业甚至国民经济发展，电价调整不仅要参考煤电联动机制，更要考虑机制执行的宏观经济环境等。2015 年 4 月 8 日召开的国务院常务会议决定按照煤电价格联动机制，下调全国燃煤发电上网电价平均每千瓦时约 2 分钱。这实际上是时隔多年，权威部门首次启动煤电联动。

国家政策力图兼顾煤炭、电力企业的盈利状况以及实现用电价格稳定这一公共政策目标。但是当用电需求旺盛时，电煤价格就会上涨过快，所以从长期看，煤电矛盾是否会得到解决将取决于煤电联动机制的有效性以及电力市场化改革的推进程度。

2015 年 12 月，国家发改委发布了《关于完善煤电价格联动机制有关事项的通知》。这个新版煤电价格联动机制自 2016 年 1 月 1 日起开始实施，完善后的煤电联动机制的可操作性得到增强，有利于将发电成本向下游传导，避免煤企或电企一方独大，社会用电户也将受益，对降低企业成本有好处。

要从根本上解决煤电矛盾，还要推进电力市场化改革，淘汰落后产能，降低煤耗，降低发电成本。2015 年 3 月，《中共中央国务院关于进一步深化电力体制改革的若干意见》中提出“区分竞争性和垄断性环节，在发电侧和售电侧展开有效竞争，培育独立的市场主体，着力构建主体多元、竞争有序的电力交易格局，形成适应市场要求的电价机制，激发企业内在活力，使市场在资源配置中起决定性作用”。这是电力市场化改革的顶层设计蓝图。11 月 30 日，关于电力改革的 6 个核心配套文件印发，文件围绕输配电价改革、电力市场建设、电力交易机构组建和规范运行、放开发用电计划、售电侧改革和规范燃煤自备电厂等方面的实施给出了意见。

电力市场化改革简单而言就是遵循“管住中间、放开两头”的体制架构原则，在可竞争环节充分引入竞争，符合准入条件的发电企业、售电公司和用户可绕过电网自主选择交易对象，确定交易量和价格，打破电网公司在电力交易中对发电公司的单一买家地位和对电力用户的单一卖家地位，实现电力交易市场化，建立多买多卖的电力市场，逐步形成发电和售电价格由市场决定、输配电价格由政府制定的价格机制。

电力市场化改革的总体要求是在具备条件的地区逐步建立以中长期交易为主、现货交易为补充的市场化电力电量平衡机制，逐步建立以中长期交易规避风险，以现货交易发现价格，交易品种齐全、功能完善的电力市场。条件成熟之后，还可以探索开展容量市场、电力期货和衍生品交易。

在实施电力市场化改革之后，发电企业、电网企业以及用户都将迎来很大的变化。对于发电企业而言，今后可以进入售电侧、新增配电领域以及跨省跨区的输电项目，可以与用户直接交易，进行全产业链经营，发展空间会很大。对于电网企业而言，改革从制度设计上改变了电网的盈利模式，从之前的赚取“价差”变为收取“过网费”，但是体制架构不会有明显变化。对于用户而言，将有用电选择权，可以自主签订用电合同，与发电企业直接交易，这将极大地降低企业成本，为它们带来改革红利。另外，电力市场化改革还将允许社会资本进入售电领域和新增配电领域，这在带来更多投资机会的同时，还将多途径培育售电侧市场竞争主体。未来发电企业、供水供热企业、燃气企业、节能服务企业、新能源企业等市场主体都可进入开展业务。而放开增量配电投资业务在一定程度上可以调动社会资本参与配网建设的积极性，增加了配电网建设资金来源。

4.降低物流成本

我国社会物流总费用与GDP的比率，近10年来，一直不低于16%，而发达国家一般控制在8%～10%，作为全球第二大经济体，2014年我国全球供应链绩效指数排在世界第28位。这些数据说明，中国物流的供给结构、供给质量、供给效率都存在许多问题，主要表现在以下几个方面。

流通产业连接着消费和生产，在扩大内需和加快产业升级方面发挥着重要作用，但是与发达国家相比，我国流通产业在这方面的作用没有得到充分发挥，一个重要原因是流通领域中间环节过多，运转效率低下，成本居高不下。大量本应通过铁路和水路运输的中长距离运输由公路运输承担，而且多种运输方式之间缺乏有效衔接，短驳、搬倒、装卸、配送成本较高。另外，流通领域存在严重的区域分割和市场保护，良好的市场环境和统一的市场尚未建立。

我国生产方式的基本特点仍然是“大批量、少批次”，这种方式由于欠缺对市场实际需求的考虑，属于先生产后销售，从而导致产品库存增加，周转速度缓慢，仓储保管费用较高，我国的仓储费用占 GDP 的比例高达 5.8%，是美国的两倍以上。

我国物流成本高企也与所处工业化阶段的特征有关。我国处于工业化中后期，第二产业占 GDP 的比重较高，而第二产业带动的实体经济物流需求较高，结果导致整个社会物流成本较高。据估算，产业结构的不同，导致我国物流成本较发达国家高 2 个百分点左右。此外，产业结构布局不合理，导致大宗商品面临长距离、大规模运输的问题，例如，煤炭、铁矿石由中西部向东部的长途运输。此外，随着沿海制造成本上升，相关产业向中西部梯度转移，比如，电子产品生产从沿海向内陆转移等，增加了中长距离运输的需求。

与发达国家相比，我国流通产业的现状是规模小而分散，以中小企业为主，缺乏大型国际化、专业化的流通企业。产业集中度远远低于发达国家。企业普遍受技术限制和资金限制而难以扩张。另外，我国的流通产业一直是劳动密集型，现代化程度比较低，技术进步缓慢，技术装备低下。

鉴于以上存在的迫切需要解决的问题，降低物流成本已经被列入中央相关部门 2016 年的重点工作。目前，商务部、国家发改委等部门已经展开密集调研，并联合研究具体方案。

归根到底，降低物流成本在于加速推进流通领域的供给侧改革。这包括以下几个方面。

一是建立健全流通领域的法律法规体系，完善基础设施。我国相关法律法规的落后影响了流通业的发展，例如存在的各种不合理收费亟须清理和规范。完善立法主要体现在三方面：规范商品流通竞争等活动的基本法亟须尽快建立；规范市场流通主体的相关立法需要健全；加强流通市场调控的立法有待加强。据了解，2016年商务部等部门相关的工作包括，加快商品流通基本法立法进程，落实好内贸流通体制改革发展综合试点工作，及时总结可复制、可推广经验，营造法制化营商环境等。顶层设计层面，商贸物流、电子商务物流以及京津冀商贸物流发展三项规划也正在制定中。另外，国家还将拟定发布促进冷链物流发展政策措施；开展物流业支撑国家"三大战略"的大通道及枢纽设施网络的规划布局工作；继续支持物流业重大工程建设。

二是推进物流标准化建设。目前商务部正在研究扩大试点地区范围和品种范围，试点范围主要是在京津冀、长三角、珠三角的一些城市展开，以托盘标准化为切入点，试图以此带动仓储设施和运输设施的标准化，例如将货架、传送带、运输车辆等都进行标准化。根据企业反馈的信息，相关设施设备标准化、相关服务规范化水平提高后，可提升备货效率30%以上、装卸货效率50%以上、车辆周转效率1倍以上，降低库存周转成本29%以上。

三是通过提升信息化水平来提高物流效率，降低物流成本，推进流通领域的供给侧改革。具体包括深入实施"互联网＋流通"行动计划，引导传统流通企业加快信息化改造，与电子商务企业的商流、资金流、信息流融合。提高流通信息化应用水平，启动智慧物流配送体系建设，开启智慧物流示范等。

总之，物流业增速将继续趋稳放缓，传统的依靠成本价格竞争的粗放式发展模式难以为继，行业进入以转型升级为主线的发展新阶段。物流业将加快从追求规模速度增长向质量效益增长转变，从铺摊子、上项目向整合资源、做优存量转变，从成本要素驱动向效率提升、创新驱动转变，推动行业提质增效。

四、金融去杠杆

长期以来，我国金融体制改革为西方市场理论所左右，热衷于引进西方市场现有的各种交易工具，一时间，期指、杠杆、做空、理财、基金、注册制、各种交易所等一窝蜂地出现在我们的视野，这种政策取向存在严重问题，因为并非所有西方市场已有的我们都要有，适合于其他国家的工具也并非都适用于我国，股市熔断机制的武断上马和迅速退出即说明了这一点。金融创新固然重要，但是金融改革的关键应该是风险控制，金融应该以稳健为前提。

阿基米德曾说，给我一个支点和足够长的杠杆，我就可以撬动地球。这句话说明了杠杆的放大作用，也就是通常所说的“四两拨千斤”。经济学借用这一物理名词来说明利用自己的资本金进行借贷，最终可以放大收益或者减少损失。借入资本的过程，就是加杠杆；归还借款的过程，就是去杠杆。杠杆的作用非常大，例如 2015 年股市出现的“疯牛”和“股灾”，其背后的巨大推动力，都是杠杆。

杠杆不仅存在于股市中，也存在于实体经济中。企业或者政府借贷，就是在加杠杆。2008 年爆发了席卷全球的金融危机，为了应对危机，我国政府推出“四万亿元”的财政刺激计划，其直接后果就是地方政府和企业都通过大量举债来拉动投资需求，最终导致传统行业普遍出现严重的产能过剩问题。各级政府考虑到要实现稳增长、保就业等宏观经济目标，对一些低效的国企采取隐性担保、行政补贴以及政策扶持等措施，这种短视的做法直接致使大量产能过剩的企业僵而不死，过剩产能堆积而无法出清，国有企业的杠杆率不断攀升，资金沉淀在低效部门，企业利润持续恶化，经济增速不断下滑，股市长期走熊，同时积累的债务信用风险不断攀升，整个经济体的系统性风险也在不断增加。2014年，我国企业的债务占GDP的比重达到111%，同年约有12%的企业出现亏损，企业盈利恶化意味着难以偿还银行体系的负债，违约风险也不断上升。尽管银行系统的不良贷款率在2015年第三季度末仍在1.6%的低位，但不良贷款余额已出现大幅上升的趋势，2015年第三季度同比增长54.7%。不良贷款的上升使得商业银行放贷审慎，甚至过度惜贷，这也导致了宽松的货币政策并未有效促进银行放贷。

此外，地方政府通过融资平台发行"城投债"，2014年，这类债务占GDP的比重达到38%，远高于2008年的16%，其利率一般都在8%以上。随着地方财政收入、政府卖地收入和工业利润出现下降，为了防止地方政府融资平台的大规模违约，中国政府2014年修改了《预算法》，并允许省级政府发行地方债。财政部批准2015年地方政府"债务置换"的额度为3.2万亿元。但是这一"债务置换"的额度过小，无法使地方政府在偿还到期债务的同时开展新的投资。据相关报道，财政部已决定在2015—2017年将"债务置换"的目标定在15万亿元。

根据第一财经研究院、国家金融与发展实验室和东航金融联合发布的《中国金融风险与稳定报告2016》的数据，2015年的中国经济仍然在继续加杠杆。银行贷款、影子银行、净公司债券和非金融企业股权等社会融资总额占GDP的比重从2014年的不到200%进一步上升到2015年的204%。2016年第一季度的社会融资规模超过5.5万亿元，其中居民部门加杠杆，也就是住房的按揭贷款增加得比较快，但是它的基数相对来说非常小，5.5万亿元的社会融资，绝大部分还是进入了传统的地方政府的融资平台。

五大国有银行公布的2015年净利润数据显示，中农工建全部零增长，交行还在边缘挣扎，中行净利润最差，暴跌734个基点，沦为最惨，从8.08%猛跌至

0.74%。3月2日，国际信用评级机构穆迪将中国主权债券评级展望从稳定下调为负面，次日又将多家金融机构和国企的展望下调至负面，理由是中国银行体系的风险不断积累，主要原因是持续增长的信贷、不断扩大的杠杆增加了企业部门受风险冲击的可能性，银行业资产的脆弱性也在增加。

1.较高的杠杆率带来的风险

较高的杠杆率究竟会带来哪些风险呢？这主要表现在以下几个方面：首先，根据世界主要经济体的经验，过高的杠杆率会形成债务积压，在债务积压的情况下很可能造成需求疲软，甚至经济会陷入长期停滞。其次，我国地方政府债务多投资于基础性、公益性项目，投资期限较长，资金回收慢，与地方政府债务形成错配，存在很大的流动性风险，政府再融资的压力较大。第三，我国非金融企业部门的杠杆率明显高于其他经济体的同类企业，这造成企业财务成本增加，债务风险积累，弱化企业投资能力，影响可持续发展。第四，居民部门负债主要为住房抵押等消费性贷款，风险来自房地产市场。除了房地产行业的相关企业自身是债务融资的重要主体之外，土地以及房地产还是政府部门、非金融企业、居民以及家庭等各类经济主体融资的重要抵押品。大量抵押品价值的稳定性将直接影响金融企业信贷资金和整个债务链条的安全性。第五，金融机构的高杠杆率会带来系统性风险的增加。如果金融机构债务过大、资产负债表杠杆程度过度，那么用于抵御风险的资本基础就越薄弱；银行系统中的脆弱性机构越多，抵御外部冲击的能力越弱。如果出现触发性事件，单个或者多个机构发生危机的可能性就越大，系统性风险隐患也将大大增加。

中国债务扩张的根源是投资报酬率下降和软约束机制。一方面，国内投资报酬率在下降，过剩产能和债务协同堆积，债务偿付压力日益加重，为了提高资本回报，使其能够覆盖债务合约中要求的还本付息义务，经济主体就有冲动继续借贷、提高杠杆率，以承担更多风险为代价换取更多的回报而不是更高的回报率。另外,许多资源要素的配置受制于行政力量而不是市场机制。另一方面,中国系统性金融风险产生的症结在于缺乏对投资效果负责的机制和体制,即债务的约束机制,无论是国有企业还是各级政府都没有“谁借钱、谁负责”的机制。

如何处置还处于积累中的债务杠杆,这是中国经济面临的重要挑战。国际货币基金组织的研究结果显示,平均而言,在 63 个发达经济体和 20 个新兴经济体中,去杠杆化一般将持续 5 年的时间。另据专家估算,私营部门每年负债率下降 1 个百分点,将使得往后 5 年中平均实际 GDP 的增长率增加 0.13～0.24 个百分点。为了使中国经济尽快实现“V 形”反弹并达到既定增长目标,政府亟须加快推进去杠杆化,这一过程虽然痛苦,但却是十分必要的。

2.“去杠杆”措施

2016 年 3 月 5 日,在国务院总理李克强做的政府工作报告中,“去杠杆”与去产能、去库存等目标仍被列为 2016 年工作重点之一。去杠杆的工作涉及政府部门、非金融部门、金融部门以及居民部门。

政府部门去杠杆主要是解决地方债的问题。地方债一直以来受各地政府垂青,其举债主要通过融资平台公司进行,这种方式在弥补地方财力不足、应对危机和抗击自然灾害、改善民生和生态环境保护、推动地方经济社会持续发展等方面发挥了积极作用。其负面问题主要是举债缺乏规模控制、增速较快、融资成本高企、债务收支未纳入预算、合理不合法、风险防控机制不健全、管理不规范、监管不到位等。财政部部长楼继伟曾明确表示,这些债务多数未纳入预算管理,脱离中央和同级人大监督,存在着主体混乱、渠道多元、成本高昂、风险集聚的趋势和特点。

地方债实际上已经成为我国经济运行中的“隐忧”,因此引起中央政府的高度重视。2014 年 8 月 31 日,全国人大常委会审议通过了《预算法》修改决定,明确允许地方政府适度举债，并从举债主体、举债方式、规模控制、预算管理、举债用途、风险控制、责任追究等方面对地方政府债务管理做出了规定。2014 年 9 月，国务院印发《关于加强地方政府性债务管理的意见》，进一步明确了地方政府债务管理的整体制度安排。这些政策措施从法律和制度上解决了地方政府债务“怎么借、怎么管、怎么还”的问题，给出了地方债新政的整体框架。

在这些政策的指导下，2015 年地方债务管理改革取得了显著成效。首先，地方政府债务规范管理的配套制度得到完善。例如，通过清理核实 2014 年年末地方政府债务余额，锁定了地方政府存量债务；通过按程序确定 2015 年地方政府债务限额，为举债设定了规模控制的“天花板”；通过发行新增政府债券和置换债券把债务纳入预算管理以及推行建立风险评估和预警机制、监管地方政府举债融资行为等措施。其次，保障了地方建设投资资金需求。2015 年新增地方政府债券 6000 亿元，主要用于棚改、公路等重点项目建设，有力拉动了地方投资。第三，对地方政府债务实行限额管理，有效控制地方政府债务增长规模。发行置换债券，就是把期限短、利率高的债务置换成期限长、成本低的债务，这有利于分散还本付息，缓解地方压力，既实现了对当年到期债务的覆盖，又保障了在建项目融资和资金链不断裂，还降低了融资成本。

债务置换的方法只能化解当前地方债务的存量问题，而地方建设资金的长期募集则需要不断探索新的机制。2016 年 1 月 11 日，财政部又下发了《关于对地方政府债务实行限额管理的实施意见》。该意见加强了地方债务管理的透明度，通过三年过渡期债务置换避免债务违约大规模爆发。政府和社会资本合作将会成为主要突破口。

总之，地方政府融资平台在提升城市功能、改善生态环境的过程中发挥着非常重要的作用，资金需求也比较旺盛。因此，在满足地方政府融资平台合理的融资需求、支持其适度运用金融杠杆撬动更大的经济发展空间的过程中，应强化对各级地方政府融资平台的管理与规范:能市场化的融资债务交给市场,由融资主体自行承担;不能市场化的融资债务应纳入政府预算管理,确保风险可控。通过立法规范地方政府的负债管理,建立健全债务使用绩效管理、评价和监督制度。

非金融部门去杠杆的工作重点是优化融资结构,提高直接融资比重,完善资本市场。当前我国社会融资中仍然以银行贷款这一间接融资渠道为主,这在一定程度上影响了供给端的管理,这种结构性的缺陷表现在以下几个方面:首先是对创新支持不够,过度支持传统产业和大企业;其次是过于倾向同业融资以控制信用风险;第三是导致杠杆率不断攀升,增加了系统性金融风险。因此化解产能过剩,促进结构调整,需要加强多层次资本市场建设。

习近平 2015 年 11 月 10 日在中央财经工作领导小组第十一次会议上指出,要防范化解金融风险,加快形成融资功能完备、基础制度扎实、市场监管有效、投资者权益得到充分保护的股票市场。

资本市场作为优化资源配置的平台,对于引导社会资金转变为长期投资,促进企业资本形成有很重要的作用。发展多层次资本市场需要完善资本市场产品结构,兼顾场内场外市场,发展多层次的股票市场,进一步拓宽企业直接融资比例,降低企业债务,完成去杠杆化。具体来讲,包括改进和完善股票发行机制,增强主板、中小企业板、创业板市场融资功能;加快新三板建设步伐,大力发展股权融资市场,增强市场活跃程度,充分发挥其作用;完善全国中小企业股份转让系统,在清理整顿的基础上将区域性股权市场纳入多层次资本市场体系,从而加快多层次股权市场的建设。

去杠杆的第三个方面是防范各类金融风险。金融风险集中在商业银行信用风险、金融体系交叉风险、民间融资风险等三个方面。我国银行体系的信用风险总体可控但上升趋势必须得到重视,商业银行应该加快处置和应对风险的能力。分业监管的体系不利于防范系统性风险,随着资金跨市场流动加强,交叉风险已经越来越明显，监管体系层面将会进一步做好监管协调，通过监管体系改革更好地适应跨市场金融活动的监管，防范整个金融体系风险，特别是表外资产膨胀、影子银行、金融衍生品创新等都需要监管部门密切关注；近年来一些具有庞氏骗局性质的商业模式，以金融创新等概念包装并流行发展成为新金融风险源，在互联网高金融渗透力的环境下，受互联网金融消除信息不对称片面观点影响，加上监管不到位，这类套利机构融资规模在较短时间可能扩大到百亿元量级的惊人规模。新金融风险与下行周期不良贷款等传统风险形成机制不同，其滋长繁衍速度更快，潜在冲击更大，近年来 P2P(peer to peer)平台野蛮生长，问题辈出，频繁跑路的现象致使投资者血本无归，尤其需要引起重视与专门应对。国家需要完善相关法律，加强监管，对违规零容忍，切实保护投资人的利益。

居民部门的高杠杆主要集中在房地产市场。要高度关注房地产市场走势，防止房地产市场价格泡沫破裂可能引发的连锁危机。这不仅关系到居民及家庭，还关系房地产企业、政府部门、非金融企业等。大量抵押品价值的稳定性将直接影响金融企业信贷资金和整个债务链条的安全性。因此，加强和改善房地产市场调控，保持调控政策的稳定性与持续性，确保房地产行业平稳、健康运行十分重要。

从长远来看，去杠杆要让市场规律发挥主导作用，推进供给侧改革、结构性改革，不断提高劳动生产率。

五、区域发展补短板

“木桶理论”告诉我们，一只木桶的盛水量不是取决于最长的木板，而是由那块最短的木板决定的。改革开放 30 多年来，我国在创造了世界瞩目的发展成就的同时，也出现了发展不平衡、不协调、不可持续的问题。在“十二五”和“十三五”交替之际，面对发展中出现的新问题、新挑战，党中央聚焦全面建成小康社会目标，提出协调发展理念，正是着眼于解决发展不平衡问题。自从2015年年底以来，中央连续召开了十八届五中全会、中央经济工作会议、中央城市工作会议等中央会议，其中“补短板”始终作为重要内容和任务。习近平总书记在关于“十三五”规划建议的说明中指出：“十三五”规划作为全面建成小康社会的收官规划，必须紧紧扭转全面建成小康社会存在的短板，在补齐短板上多用力。谋划“十三五”时期经济社会发展，必须全力做好补齐短板这篇大文章，着力提高发展的协调性和平衡性。另外，2015年12月召开的中央经济工作会议，明确把“补短板”作为2016年的经济工作五大任务之一，作为供给侧结构性改革精准发力的重点。2016年1月29日，习近平总书记在中央政治局就“十三五”时期中国经济社会发展的战略重点进行第三十次集体学习时再次强调，经济社会发展中的短板特别是主要短板，是影响如期全面建成小康社会目标的主要因素，必须尽快补齐这些短板。

党的十八届五中全会提出了中国未来经济发展的五大理念：创新、协调、绿色、开放、共享。新理念要求改变中国不均衡的发展状态，改变贫富不均衡、产业不均衡、经济发展与生态环境不均衡、区域发展不平衡等状态，所以就未来发展的“短板”而言，不均衡就是中国未来发展的“短板”。

在发展的进程中，短板包括那些影响和制约发展的主要矛盾，我们认为可以从以下几个方面入手。

1. 通过精准扶贫，解决区域不平衡与贫富差距问题

“小康不小康，关键看老乡”，习近平在调研时曾讲过这样一句家常话。2015年6月，习近平赴贵州调研，在和部分省区市党委主要负责同志座谈时，他指出全面建成小康社会最艰巨、最繁重的任务在农村，特别是在贫困地区。各级党委和政府要把握时间节点，努力补齐短板，科学谋划好“十三五”时期扶贫开发工作，确保贫困人口到2020年如期脱贫。习近平总书记还指出，发展不能

是城市像欧洲、农村像非洲，或者这一部分像欧洲、那一部分像非洲，而是要城乡协调、地区协调。

自改革开放以来，中国经济腾飞发展，人民生活水平不断提高，在短短 30 年内，我国 6 亿人口脱贫，创造了人类历史前所未有的奇迹。中国的大规模减贫对联合国千年发展目标的实现具有决定性的作用，1981—2008 年全球贫困人口从 15 亿人减少到 8.05 亿人，中国贡献了全球减贫的 90%。但是随着宏观环境的变化，特别是收入不平等的扩大，以区域开发为重点的扶贫措施已经出现了边际效用递减的问题。高速的经济增长使得在平均水平上衡量的人均收入快速增长，但是也出现了严重的收入分配不平等。例如，全国基尼系数从 1981 年的 0.288 增加到 2012 年的 0.462。不平等的扩大意味着处于收入底层的人口所能分享到的经济增长的好处越来越少，这意味着靠推动贫困地区经济增长的方式来带动贫困人口脱贫的效果越来越差。因此现在扶贫开发工作面临着更为艰巨和繁重的任务，对党和国家的扶贫工作提出了新的要求和挑战。

精准扶贫正是以习近平为总书记的党中央治国理政方略中对新时期扶贫工作新挑战与新要求的积极应对和正确指引。与粗放扶贫不同，精准扶贫是指针对不同贫困区域环境、不同贫困农户状况，运用科学有效程序对扶贫对象实施精确识别、精确帮扶、精确管理的治贫方式。2013 年 11 月，习近平到湖南湘西考察时首次做出了“实事求是、因地制宜、分类指导、精准扶贫”的重要指示。这是“精准扶贫”思想的首次提出。2015 年 10 月 16 日，习近平在 2015 减贫与发展高层论坛上强调，中国扶贫攻坚工作实施精准扶贫方略，增加扶贫投入，出台优惠政策措施，坚持中国制度优势，注重六个精准，坚持分类施策，因人因地施策，因贫困原因施策，因贫困类型施策，通过扶持生产和就业发展一批，通过易地搬迁安置一批，通过生态保护脱贫一批，通过教育扶贫脱贫一批，通过低保政策兜底一批，广泛动员全社会力量参与扶贫。可以看出精准扶贫是为了抵消经济增长减贫效应的下降而采取的必要措施，将成为未来中国农村扶贫的主要方式，也是农村贫困人口到2020年摆脱贫困的根本保证。

“财富的生产力比财富本身，不晓得要重要多少倍”，这是历史学派经济学家李斯特的经典名言。用于精准扶贫的工作，其核心理念是，给不发达地区与贫困地区提供经济发展的基本条件。因此，在“大众创业、万众创新”的政策下，给不发达地区、贫困地区提供必要的“创业创新”条件。如对“老少边穷、海岛地区”提供电、水、路、桥等基础设施的建设，在此基础上首先要讲究精准施策，“知屋漏者在宇下，知政失者在草野”，精准扶贫首先要深入基层、深入百姓调查研究，做到因地制宜、因户而异、因人而异，必须进行“点对点”服务、“一对一”救助、“多对一”帮扶，不能采取盲目的措施，要避免“大水漫灌”的粗放方式。要瞄准扶贫对象，制定有针对性的科学方法，做到分门别类、分层实施。要实时动态跟踪把握，及时根据具体情况做出必要的调整，并进行政策实施之后的考核与评估。要真正落实好发展生产脱贫一批、易地搬迁脱贫一批、生态补偿脱贫一批、发展教育脱贫一批、社会保障兜底一批的“五个一批”工程。

精准扶贫政策体系还应当兼顾统一性和灵活性，统一性方面指的是要建立完整的精准扶贫政策体系，涉及金融支持、社会救助以及产业发展等多个公共领域的协调。灵活性指的是应该允许各级政府因地制宜、因人定策，灵活地开展扶贫工作。

2.发展农业现代化，补齐“三农”短板

中国特色社会主义包括四化同步道路，即中国特色的新型工业化、信息化、城镇化、农业现代化四化同步。在四化的过程中，出现了不可避免的二元结构，即现代工业与落后农业的并存。我国农业面临的突出问题包括：农业技术落后，农业生产主要依靠劳动技能，劳动的附加值低；农业提供的农产品基本上是初级产品，市场价格低，农民获得的收入因此也较少；农业受自然条件的影响较大，市场不稳定，价格波动大。

根据财政部发布的数据，2015 年我国粮食产量达到 6.21 亿吨，比上年增长 2.4%，喜获“十二连增”，农民收入首次突破万元大关，增幅连续第六年高于 GDP 和城镇居民收入增幅，城乡居民收入比下降到 2.9∶1 以下。但是总体来看，“三农”仍然是全面建成小康社会的短板。补上“三农”短板，既能扩大有效供给，又能为经济社会发展“固本培元”。在 2015 年中央农村工作会议上，习近平总书记再次强调，任何时候都不能忽视和放松“三农”工作，“十三五”时期，必须坚持把解决好“三农”问题作为全党工作重中之重。

在新常态下，推进三农现代化，不能只是靠非农化和城镇化，需要直接以农业、农村和农民为发展对象。

(1)农业方面。习近平对我国农业发展的指示是：农业出路在现代化，农业现代化关键在科技进步。我们必须比以往任何时候都更加重视和依靠农业科技进步，走内涵式发展道路。矛盾和问题是科技创新的导向，要适时调整农业技术进步路线，加强农业科技人才队伍建设，培养新型职业农民。农业现代化的目标包括两个方面：第一个方面是要从根本上改变农业落后的生产方式和经营方式，不只是提高劳动生产率，而是要提高全要素生产率，包括资本、劳动和土地在内。第二个方面是农业现代化要满足全社会对不断增长的农产品质量的需要。实现这两个目标的基本途径是科技创新，包括机械创新和生物创新。随着农村剩余劳动力的转移，机械创新日益迫切。生物创新则包括培育优良品种，改进农产品品质和提高农产品附加值的新技术，另外要提高农业生态治理的技术，促进可持续发展。

(2)实现农村现代化。解决这一问题的途径是城乡发展一体化，使得城乡在同等地位下，在经济、社会、文化等方面相互渗透和融合。这要求我们克服城乡之间的经济社会发展差距，消除要素流动的障碍，在城乡之间按照产业的自然特征形成分工和布局。面对农村村落分散化的特点，建设社会主义新农村需要有序开展村庄布局调整和土地整治，继续推动工业向工业园区集中，人口向城镇集中，居住向社区集中，以及土地的适度集中。过去的城市化强调的是农民进城，新常态下的城乡发展一体化则要求城市发展要素出城，城市要素、城市生活方式向农村扩展，从而达到缩小城乡差距的目标，包括城乡收入差距、城乡居民生活条件的差距以及城乡经济体制的差距。

(3)实现农民现代化。农民现代化体现在物质和精神双重富裕上，目标是培养新型职业农民，这不仅表现为生活方式的改变，更重要的是要接受现代文化的熏陶，接受现代市场经济的熏陶。因此，农民市民化是克服城乡差距的根本途径。而农民的市民化不仅仅包括农民进城，城市不可能容纳所有的农民，更为重要的内容应当是让农民享受平等的城市人的市民权利，城乡居民政治、经济和社会地位的平等，城乡生活方式趋同，公平享受公共物品。目前妨碍农民市民化的主要因素是城乡二元体制，我国农村市场经济水平落后，各类生产要素市场集中在城市而不是在农村，农民不能作为平等的主体进入各类生产要素市场。解决的方法无非是建立城乡一体的要素市场，消除要素流动的各种体制和政策障碍，做到城乡就业同工同酬，城乡土地同地同价，城乡产品同市同价。另外，我国存在城乡分割的户籍制度，在制度上造成了对农民的歧视，就业、医疗、社会保障以及子女入学等不公平的制度应逐步取消。除此之外，还有政府提供的公共服务的导向，也就是习近平总书记要求的：要通过推进基本公共服务均等化，积极推进新农村建设，让农村成为农民幸福生活的美好家园。目前很多公共服务只有在城市中才能享受，要积极将各种给市民提供的机会和设施安排到农村城镇中去，把高质量的教育、文化等公共设施办到乡镇，让农民享受到和市民一样的服务。

3.发展绿色产业,补齐生态环境短板

生态环境是关乎社会民生的、最为公平公正的福祉。近年来,党中央、国务院把环境保护提高到了非常重要的战略位置,关于生态文明建设的认识高度、推进力度以及实践深度都是前所未有的。习近平总书记曾指出:“我们既要绿水青山,也要金山银山。宁要绿水青山,不要金山银山,而且绿水青山就是金山银山。”这是把生态环境置于生产力发展的突出位置,从而科学地阐述了经济发展与环境保护的关系。党的十八届五中全会审议通过的《中共中央关于制定国民经济和社会发展第十三个五年规划的建议》,强调牢固树立并切实贯彻创新、协调、绿色、开放、共享的发展理念,对生态文明和环境保护做出重要部署和安排,提出加快补齐生态环境短板,将“生态环境质量总体改善”列为全面建成小康社会的目标。这个重要文件和之前出台的《关于加快推进生态文明建设的意见》、《生态文明体制改革总体方案》一起构成系统全面的制度架构,引导下一阶段的工作。同时还出台了包括《大气污染防治行动计划》、《水污染防治行动计划》、新《环境保护法》、新《大气污染防治法》、环境保护监察、党政领导干部生态环境损害责任追究等6份生态文明体制改革配套文件。

生态文明建设不仅局限于“种草种树”、“末端治理”,而是发展理念、发展方式的根本转变,涉及经济、政治、文化、社会建设方方面面,并与生产力布局、空间格局、产业结构、生产方式、生活方式,以及价值理念、制度体制紧密相关,是一项全面而系统的工程,是一场全方位、系统性的绿色变革,必须做到人人有责、共建共享。具体而言涉及以下几方面的内容。

(1)平衡和处理好发展与保护的关系,实现协调共赢。发展经济和保护环境之间不仅仅是相互制约,而且是相互促进的,两者既矛盾又统一。经济发展不能以牺牲环境为代价,也不能只强调环保而不顾经济的发展。要加强环境治理,利用环境保护来优化经济发展、推进经济转型,可以实现发展和保护的协调共赢。这需要我们认识到预防是环境保护参与宏观调控、实现经济增长、提质增效的重要途径。建立和完善环境预防体系包括以下几个方面：一是划定“生态保护红线”，即根据主体功能定位和空间规划要求，划定生产空间、生活空间、生态空间，明确城镇建设区、工业区、居民区的开发边界，以及耕地、草原、河流、湖泊、湿地等的保护边界，守住生态环境安全的底线。二是对区域发展以及各类建设规划实施之后造成的环境影响进行预测评估，提出应对采取的预防和治理措施，这也是优化产业结构和布局、减少决策和建设中环境失误的重要手段。三是要进一步完善环境标准体系，发挥其引导作用，推动企业技术升级、转型。四是要实行能源和水资源消耗、建设用地等总量和强度双控行动，进一步提高节能、节水、节地、节材、节矿标准，既要控制总量，也要控制单位生产的能耗。

(2)中央 2015 年出台的有关生态文明建设和环境保护的文件，一个重要导向就是强化地方党委、政府和部门的环保责任。根据这些文件，国家将从以下几个方面严格考核：一是建立生态文明目标体系，制定生态文明建设目标和考核办法，把资源消耗、环境损害、生态效益纳入经济社会发展评价体系，实行差异化绩效评价考核。二是建立资源环境承载能力监测预警机制，对资源消耗和环境容量超过或者接近承载能力的地区，实行预警提醒和限制性措施。三是编制自然资源的负债表，逐步建立领导干部自然资源资产离任审计制度。四是落实生态环境损害责任追究办法，建立生态环境损害责任终身追究制度。五是开展环境监察巡视。六是实行省以下环保机构监测监察执法垂直管理，即县、市两级环保监测和监察机构由省级环保部门直接管理，县级环保局作为市级环保局派出机构，市级环保局主要负责人实行省级环保部门为主的双重管理体制。

(3)以改善环境治理为核心，加大治理力度。具体措施包括：深入实施大气、水、土壤污染防治行动计划；改革完善总量控制制度；实施工业污染源全面达标排放计划；坚持城乡环境治理并重；强化污染防治和生态环境联动。

(4)完善环境治理的制度建设,用制度保护生态环境,实现可持续发展。环境保护需要充分发挥制度的引导、规制、激励、约束等功能,做到严防源头、严管过程、后果严惩,形成政府、企业以及公共共治的环境治理体系,这是环境保护最重要的、最有力的保障。

供给侧结构性改革要求在"创新、协调、绿色、开放、共享"五大发展理念的基础上设计政策。供给侧结构性改革的五大任务是一个系统设计,每项任务都很吃重,各项任务之间有关联互补作用,都要统筹兼顾,动态优化,积极推进。从具体操作看要一步一步走,不同阶段也要有不同的着力点。

供给侧结构性改革同时要求更多地减少行政干预,让市场机制更多地发挥好决定性作用,去产能,减少行政干预离不开政府自我革命。从长期看,稳增长与调结构是一致的,结构调整是经济可持续增长的重要动力和保障,去产能、去杠杆有助于结构优化和经济的长期健康发展。但在短期内,稳增长与调结构之间可能存在矛盾。例如,去产能会影响一些地方的 GDP 和财政收入,去杠杆会使一些风险显性化。但如果不去,不但长期稳不住,短期效果也越来越差,"僵尸企业"会越来越多,债务越积越重,加剧财政金融风险。处理好"稳"与"调"的关系,关键是把握好"度",掌握正确的方法论,把深化改革作为主要抓手。

供给侧结构性改革旨在解决经济发展过程中的长期问题,但是这并不意味着短期问题可以忽略。强调供给侧,也不意味着可以忽略需求侧。要具体问题具体分析,特别是要防止地方政府为了完成任务而进行更多的干预。"三去一降一补"是供给侧结构性改革的五大任务,但是并非改革本身,并非意味着完成这些任务就完成了改革。这些任务应该首先依赖于政府创造制度和政策条件,以及稳定宏观经济政策,在此基础之上,主要依靠企业和金融机构根据市场条件来完成,如果使用生硬的行政命令,试图通过层层分解任务的方式推进供给侧结构性改革,无异于南辕北辙。

本章小结

本章指出，中国供给侧结构性改革的理论是在借鉴现代经济学理论发展的基础上，将政治经济学原理与中国经济发展新阶段所出现的实际情况相结合的产物。需要特别指出的是，供给侧结构性改革不能被简单地理解成私有化、减税和减少政府干预等这些自由主义的概念，必须指出在中国的经济环境中，供给侧结构性改革具体的内容和含义。例如，简单的私有化并不能解决中国企业所面临的困境，如果缺少制度保障，只会造成无序的竞争。供给侧结构性改革虽然强调市场在资源配置中的决定性作用，但是必须首先厘清政府和市场的作用界限。目前，供给侧结构性改革包括“三去一降一补”，即工业去产能、房地产去库存、金融去杠杆、工业降成本以及区域发展补短板，具体如何实施呢？如果用行政命令的方式实现去产能、去库存和补短板可能会造成新的问题，产业发展、技术路线的选择只能依靠市场，如果政府干预，对所谓的新型产业进行补贴，就很有可能造成新的产能过剩。中国经济进入新常态之后，突出的风险之一就是杠杆率过高，因此为顺利推进供给侧结构性改革，去杠杆是非常关键的一步，必须坚定不移地加以执行。这要求我们不能以加杠杆的方式刺激实体经济，尤其是不能以加杠杆的方式去房地产库存，要坚决遏制地方政府炒地和投机资本炒房之风，遏止一二线城市房价继续上涨。另外，当前高杠杆主要集中在过剩产能领域，因此，去杠杆又和去产能息息相关。高杠杆的形成与我国的财税、金融制度以及国企的运行机制紧密相关，因此从长远来看，需要通过深化改革的方式去杠杆，包括丰富金融市场体系、发展直接融资、明确地方政府的权力、改革国有企业以及发挥市场在资源配置中的决定性作用等内容，这必定是一个长期过程。靠政府下指标的方式实现降成本、去杠杆并非明智之举，事实上，只要行业是竞争的，在优胜劣汰的环境中，企业会自主地、高效地完成这些任务。

如果在经济领域强调市场的作用,可以提高资源配置效率,那么在社会领域强调市场结果可能会适得其反。例如,我国在20世纪90年代末的国企改革中推行医疗产业化,结果使得医疗行业成为中国的暴富产业,这是今天医患纠纷的深层次原因。同样的,教育的产业化直接导致了教育规模扩大化和教育质量的相对低下,影响至今。政府应该在哪些方面有所为呢?我们认为应当包括制度建设、宏观环境的稳定、基本的社会保障以及良好的基础教育和基础科研体系建设,我们将在第六章讨论这一点。

在我国的经济结构转型中,第三产业将会迎来巨大的发展空间,因此下一章我们将讨论我国第三产业的发展。

第五章
经济转型与第三产业的发展

在经济转型的逻辑中,我们认为,第三产业将是我国经济转型和结构调整的最重要的目标产业。在传统的工业制造业产能过剩的环境下,第三产业在2015年的第三季度已悄然超越第一和第二产业的总和成为我国最大的经济部门。2015年,服务业在国内生产总值中的比重上升到50.5%,首次占据"半壁江山"。消费对经济增长的贡献率达到66.4%。从我国经济发展现状分析,保持经济平稳发展,加快经济结构调整必然要求第三产业加速发展,尽快提升第三产业在经济发展中的份额。本章通过对第三产业概念和理论的简单介绍,重点分析我国第三产业对经济转型的贡献以及发展第三产业的一些建议。

第一节　经济学对"第三产业"的理论探讨

所谓的第三产业,即是指除了第一产业、第二产业以外的其他产业的总称。"第三产业"这个概念,源于西方经济学,早在17世纪末(1690年)威廉·配第就阐述了有关第三产业的一些思想。此后,萨伊、西斯蒙弟、李斯特、西尼尔以及马克思等经济学家都从不同的角度对第三产业进行过分析,在不同程度上揭示了第三产业经济范畴所涉及的经济规律。然而,第三产业的蓬勃兴起及其理论的发展和完善是近几十年的事。

一、费雪关于社会生产三阶段的观点

1935年,英国经济学家费雪在《安全与进步的冲突》一书中首次提出了社会生产经历三个阶段的观点:第一,生产活动以农业和畜牧业为主的阶段;第二,生产活动以机器大工业生产迅速发展为特征的阶段;第三,服务行业迅速发展的阶段,资本和劳动力流入教育、科学文化、艺术、旅游、娱乐服务、卫生等活动中。费雪把第一阶段定义为第一产业,把机器大工业生产阶段定义为第二产

业，把服务性行业的生产定义为第三产业。资源和人力会不断地从第一产业转向第二产业，再从第二产业转向第三产业，从而引起生产结构的变化。

费雪还进一步谈到了三次产业区分的标准。他认为，第一、第二、第三产业这些术语在某种意义上与人类需要的紧迫程度有关。第一产业为农业和畜牧业，为人类提供食品这样最基本的需要，第二产业是工业制造业，满足的是更进一步的物质需要，第三产业是各种服务的生产，满足人类除物质需要以外的更高级的需要，例如为生活提供更多的便利或者像娱乐这样精神上的享受。显然，费雪是从经济发展和人类的需求变化角度来确定第三产业的。此后，在澳大利亚和新西兰的统计部门中，开始正式运用第一、第二和第三产业的概念，并且在统计手册和有关书刊中采用了三次产业的分类方法。三次产业分类法是研究国民经济产业结构变动，了解一国经济发展水平，探讨经济结构是否合理和进行国际经济比较的一种实用方法。

费雪提出的这种分类方法有其深刻的历史背景。首先，随着第二次科技革命的推动，服务业的重要性日益凸显，人类所掌握的知识对物质生产的作用日趋重要，经济需求结构因此产生重大变化，产业分类是在这种背景下提出的；其次，当时的资本主义世界陷入严重的经济危机，1929 年到 1933 年的危机使世界工业倒退了几十年，世界贸易额急剧下降，传统的经济学理论无法解释这一现象，经济学家开始重新研究各种经济理论和对策，分析经济危机产生的原因，探求解决危机的方法。费雪的观点是，导致生产过剩式的经济危机的主要原因是资本主义生产组织没有认识到社会需求结构已经发生了很大的变化，即随着人口平均收入水平的提高，人们对食品的相对需求减少，同时对服务和精神产品以及知识产品的需求则相对增加。费雪因此强调必须从生产和消费的联系出发，根据需求结构的新变化来调整生产组织活动。基于这一认识，他从世界经济史的角度进行了概括，并在前人已经使用的第一、第二产业概念的基础之上提出了"第三产业"的概念。

二、配第—克拉克定理

1940年，英国经济学家克拉克在其《经济进步的条件》一书中揭示了这样的现象：随着人均国民收入的提高，劳动力会从第一产业向第二产业转移，然后再由第二产业向第三产业转移。随着经济的发展，人均国民收入水平逐渐提高，劳动力和第一产业国民收入的相对比重逐渐下降，劳动力和第二产业国民收入的相对比重上升，第一产业向第二产业转移；经济进一步发展，劳动力和第三产业国民收入的相对比重也开始上升，第二产业开始向第三产业转移。克拉克本人认为，他的发现不过是印证了配第的观点。因而，经济学说史上把这一规律称为"配第—克拉克定理"。该定理揭示了一个普遍现象，即在人均国民收入水平低的国家，第一产业劳动力所占份额相对较大，第二、第三产业劳动力所占份额相对较小；反之，在人均国民收入水平高的国家，第一产业劳动力所占份额相对较少，而第二、第三产业劳动力所占份额相对较大。

克拉克发展了费雪的提法，更加广泛地采用"第三产业"这一概念。他根据各部门接近最终消费远近的原则，把产业结构明确地划分为三大部门：第一大部门以农业为主，包括直接利用自然资源的部门；第二大部门以制造业为主，包括采矿业；第三大部门主要是非物质生产产业部门和无形产业部门，包括批发商业、零售商业、银行业、信托业、一部分运输业以及服务业。同费雪的理论相比，克拉克更突出强调了第三产业的性质就是服务。这是因为随着科学技术的进步，居民对消费提出了新的要求，从而出现了适应生产和生活需要的、日益众多的服务部门，甚至作为经济发展外部条件的政府活动也可以被视为一种服务。在实际生活中，几乎所有的服务行业都被看成是第三产业的一部分。所以克拉克在1957年第三版的《经济进步的条件》一书中，主张以"服务性产业"来代替费雪提出的“第三产业”。之后一些经济学家在进行产业划分时正式沿用了这两套术语，即第一、第二和第三产业或农业、工业和服务业。人们习惯上把产业结构的这种划分称为“三次产业”分类法，并把费雪和克拉克两位学者一并视为“三次产业”分类法的创始人。费雪和克拉克的观点有所差别，费雪认为第三产业只包括商业、金融、饮食、旅游等公共服务业和科学、文化教育、卫生等，范围较窄；克拉克则认为除农业、工业以外的所有部门都属于第三产业（或服务性产业），即除了包括上述费雪的第三产业所含有的部门之外，还应该包括建筑业、运输和通信、政府行政、律师以及军队、监狱等。

三、服务经济学理论

第二次世界大战结束以后，服务部门成为美国经济中最大的部门，是美国经济中最富有生机的部门。美国著名的经济学家富克斯运用经济学理论研究服务部门，形成了服务经济学理论。富克斯的研究方法具有两个明显的特点：一是利用统计数据、统计方法进行分析；二是将服务部门和货物生产部门（物质生产部门，在该书中主要指工业部门）进行对比分析。值得注意的是，富克斯把服务部门的范围规定为：“包括批发和零售商业、金融、保险和不动产经营等行业，政府部门以及传统上称为服务业的行业，包括专业服务、个人服务、企业服务和修理服务等行业。”至于运输、通信和公用事业等行业，富克斯认为这些部门都需要依靠大量资本、设备和复杂的技术，与工业部门的联系更为密切，因此把这些行业列入工业部门更为合适。

富克斯还分析了服务业就业人数急剧增加的原因，首先是社会对服务业和服务产品的最终需求增长加快；其次是随着社会分工和专业化的深化，社会逐步产生和形成了专门为企业、特别是为制造业服务的组织或企业；第三是服务业的人均产值增长较慢，也就是说，生产一定量产品所需的劳动量的减少速度在服务部门比在工业部门更慢，其中的原因主要是因为工业部门的劳动质量的提高速度比服务部门快得多，如工业技术水平提高更快。

和工业部门相比，服务部门的周期性波动更小。富克斯分析了 1942 年到 1965 年期间的月份数据，结果表明在商业周期中，服务部门的产值和就业比工业部门表现得更加稳定，这主要是由于服务的不能贮存性决定了不会出现一定时期的服务产品过剩的问题。

四、库茨涅兹对克拉克研究成果的发展

美国著名的经济学家“GNP 之父”库茨涅兹在克拉克研究成果的基础上进一步收集和整理了 20 多个国家的庞大数据，从国民收入和劳动力在产业间的分布入手，对伴随经济增长的产业结构变化做了分析研究。其得出的主要结论包括：在第一产业中，国民收入和劳动力所占的相对比重都趋于减少；在第二产业中，国民收入所占相对比重上升，劳动力所占比重大体不变，这反映了当工业化达到一定水平之后，第二产业不大可能继续大量地吸收劳动力；在第三产业中，劳动力相对比重差不多在所有国家中均呈上升趋势，但是国民收入相对比重未必与劳动力的相对比重同步上升，综合起来看，是大体不变或者略有上升，这一结论表明第三产业具有很强的吸纳劳动力的特征。

第二节　发达国家第三产业的发展经历简介

随着国民经济的高速发展，西方发达国家产业结构不同程度地发生了变化。第一产业和第二产业的比重下降，而第三产业的比重则上升。经济的高速发展从以劳动力和资金投入为主转为以知识和技术投入为主。脑力劳动和高新技术产业部门在经济发展中发挥着日益重要的作用。第三产业投资较少，收

益见效快，吸收了更多的劳动力，在经济中的地位越来越突出。在第三产业中，生产服务和生活服务的地位日益重要，尤其是知识服务业，在发达国家得到了较快的发展。

发达国家第三产业的蓬勃发展大致有三方面的原因：

首先，在科技革命的推动下，发达资本主义国家的第一、第二产业有了较快的发展，这就要求加速发展直接为第一和第二产业物质生产过程服务的信息、咨询、科研、交通运输、教育、金融以及为人民生活服务的商业、旅游、房地产、饮食业、医疗保健等与之相适应。据估计，第一和第二产业每增加 1 人就业，第三产业就需要增加 3 人为之服务，近 20 年来，美国、法国、意大利、日本新增加的就业人数中有 75%以上在第三产业。从发达资本主义国家战后经济发展的情况来看，社会生产力越发展，社会分工越细，经济就越发展，科学技术直接转化为生产力的过程越快，第三产业的发展规模就越大，门类、部门就越全，结果是第三产业在国内生产总值和总就业人员中所占比重也就越大。从战后西方经济发展的历史来看，社会总劳动和资源在国民经济各产业部门的分配同各产业部门的资本有机构成和技术水平有密切的关系，物质生产部门的技术进步可以成倍地提高劳动生产率，从而相对节约社会劳动和资源以用于非物质生产部门的发展。在第三产业中，不管是劳动力密集的部门，还是知识技术密集的部门，它们的发展又为物质生产部门的发展创造了条件，提供了日益广阔的销售市场，为社会开拓了新的投资领域。总之，第三产业创造的国内生产总值和就业人数的增长幅度都高于第一和第二产业，是西方发达国家社会经济发展的必然趋势。

其次，第三产业的发展是居民消费构成变化和消费水平提高的结果。战后，随着西方发达国家社会生产的发展，国民收入水平得到很大提高。在居民消费构成中用于吃、穿、用的开支比重下降，用于教育、文娱、旅游、住行、医疗、保健和法律咨询等方面的开支比重上升。这就促使第三产业得到迅速发展。

第三，西方国家政府制定了有利于第三产业发展的政策。随着科学技术的发展，生产自动化程度不断提高，对劳动力的需求相对减少，产生了较多的失业人口。由于产业结构不合理，第二产业就业人员饱和，为了解决失业问题和调整不合理的产业结构，西方各国政府制定了各种政策和措施，积极扶植第三产业，引导第三产业沿着正确的方向发展。例如，日本政府制订长期发展计划，指导民间企业向第三产业转移。1979 年制订的《新经济社会七年计划》把调整产业结构的任务提高到重要的战略地位。政府对商业、服务、信息通信、运输等产业提供优惠贷款，在一段时期内，对从事第三产业的一部分法人实施减免税政策，鼓励第三产业的发展。

第三节　我国第三产业发展的现状与未来

自从我国改革开放以来，第三产业得到迅速发展和壮大，所占比重逐年提升。1978—2014 年间，第三产业增加值由 879.7 亿元提高到 231320.6 亿元，年平均增长率为 16.74%。三次产业结构的比例由 27.9∶47.6∶24.5 变为 9.2∶42.7∶48.1，即由“二一三”结构变为“三二一”结构，其中第三产业比重提高了 23.6 个百分点。

为了更好地理解我国第三产业的发展，下面将分别从我国第三产业发展的总体状况、第三产业发展的前景以及第三产业发展的战略选择三方面进行论述。

一、我国第三产业发展的总体状况

改革开放以来，我国第三产业的发展历史可以分成三个阶段。第一个阶段是 1978—1994 年，属于恢复增长时期。这一时期的特点是第三产业增长速度快，所占比重提高较快，但产业结构改善并不明显(见图 5-1)。第三产业的增长主要靠传统服务业的带动。改革开放以来，国家越来越重视第三产业的发展，第三产业遂进入一个全新的发展阶段；金融业、房地产业等新兴服务业逐渐发展起来，但是交通运输、仓储和邮政业以及批发和零售业由于其基数比较大，在第三产业中占据绝对多的份额，所以在这一阶段，第三产业在绝对量上虽然有一定的发展，但是其内部结构的改善并不显著，传统服务业仍在第三产业中占据主导地位。

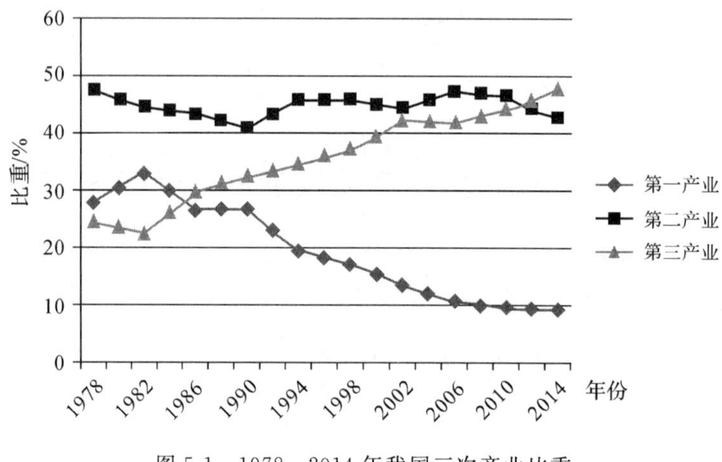

图 5-1　1978—2014 年我国三次产业比重

第二个阶段是 1994—2006 年，属于结构改善时期。这一时期的特点表现为：第三产业的增长速度开始放慢，所占比重基本保持稳定，但是产业结构得到明显的改善，新兴产业和高附加值产业发展势头比较好。传统的交通运输、仓储和邮政业以及批发和零售业等行业占第三产业的比重在逐渐下降，与此同时，金融业和房地产业等新兴服务业的发展速度也相对放缓，这主要与当时我国宏观经济的大环境有关，但是第三产业的内部结构总体呈现出不断改善的趋势。

第三个阶段是2006年至今，属于恢复性高速增长时期。其基本特点为：第三产业的增长速度比较快，比重提高很快，但产业结构的改善不明显；在这段时期中，第三产业比重的增加主要是由金融业、房地产业、租赁和商务服务业以及公共管理和社会组织等推动实现的；交通运输、仓储和邮政业、批发和零售业、住宿和餐饮业的推动力则持续减弱，但作为传统的服务业，其在第三产业中仍占有比较大的份额，仍是解决就业的主要部门，而信息传输、计算机服务和软件业并未充分发挥其推动第三产业发展的潜能和优势，同时，教育、卫生、社会保障和社会福利业占第三产业的比重也有待提高。

从发达国家当前的经济情况来看，第三产业在三大产业中占有最大的份额，对经济增长的贡献率也最大(见表5-1)。2014年，发达国家的第三产业占GDP比重平均大约为70%，而美国和法国则接近80%。我国第三产业占GDP比重仅为48.1%，四年内比重仅仅增加了3.9%，第一产业所占的比重虽有下降的趋势，但依然在10%左右，第三产业所占比重勉强高于第二产业(见表5-2)。

表5-1　2014年世界部分国家三次产业比重　　(单位：%)

国　家	第一产业比重	第二产业比重	第三产业比重
中　国	9.20	42.70	48.10
日　本	1.21	26.21	72.58
韩　国	2.34	38.23	59.42
美　国	1.45	20.50	78.05
法　国	1.68	19.44	78.89
德　国	0.75	30.69	68.56
英　国	0.61	19.76	79.63
西班牙	2.49	23.08	74.43
意大利	2.17	23.39	74.44
澳大利亚	2.51	27.06	70.43

改革开放以来，我国第一产业的产值比重和就业比重都大幅度下降了，而且就业比重的下降速度大于产值比重的下降速度，但是我国第一产业的产值比重和就业比重总体仍然比较高。1978—2014年，第一产业的产值比重从27.9%下降到2014年的9.2%，一共下降了18.7个百分点(见表5-2)；同期就业比重从70.5%下降到29.5%，下降了41.0个百分点(见表5-3)。从各个时期来看，我国第一产业的比重不但高于中、高收入水平的国家，而且也高于同等收入水平的发展中国家。

表5-2　1978—2014年我国三大产业占GDP比重　　(单位：%)

年　份	第一产业比重	第二产业比重	第三产业比重
1978	27.9	47.6	24.5
1980	29.9	47.9	22.2
1982	33.0	44.5	22.5
1984	31.8	42.8	25.5
1986	26.8	43.4	29.8
1988	25.4	43.4	31.2
1990	26.7	40.9	32.4
1992	21.4	43.0	35.6
1994	19.5	46.1	34.4
1996	19.4	47.0	33.6
1998	17.2	45.7	37.1
2000	14.7	45.4	39.8
2002	13.4	45.5	42.1
2004	13.0	45.8	41.2
2006	10.7	47.4	41.9
2008	10.3	46.8	42.9
2010	9.6	46.2	44.2
2012	9.5	45.0	45.5
2014	9.2	42.7	48.1

表 5-3　1978—2014 年我国三大产业占全社会就业比重　（单位：%）

年　份	第一产业比重	第二产业比重	第三产业比重
1978	70.5	17.3	12.2
1980	68.7	18.2	13.1
1982	68.1	18.4	13.5
1984	64.0	19.9	16.1
1986	60.9	21.9	17.2
1988	59.3	22.4	18.3
1990	60.1	21.4	18.5
1992	58.5	21.7	19.8
1994	54.3	22.7	23.0
1996	50.5	23.5	26.0
1998	49.8	23.5	26.7
2000	50.0	22.5	27.5
2002	50.0	21.4	28.6
2004	46.9	22.5	30.6
2006	42.6	25.2	32.2
2008	39.6	27.2	33.2
2010	36.7	28.7	34.6
2012	33.6	30.3	36.1
2014	29.5	29.9	40.6

我国第二产业的产值比重在改革开放之后的十余年中呈现出不断下降的趋势，但也有小幅波动。1978—1990 年期间，第二产业的产值比重从 47.6%下降到 40.9%，但是从 1990 年到 2014 年，又从 40.9%上升到 42.7%，这实际上说明我国仍然处于工业化发展阶段，以加工和制造业为主的第二产业的发展对经济增长有比较大的推动作用。同期，第二产业的就业比重在上升，但上升幅度开始下降，从 1978 年的 17.3%上升到 2014 年的 29.9%，这说明我国正处于

工业化后期阶段，资本以及技术的使用大量地替代了劳动力的使用，因此，第二产业的发展所新创造的就业岗位边际递减，是非常有限的。

同期，我国第三产业的发展水平虽然落后于世界同等收入水平的国家，但产值比重和就业比重都有较大幅度的上升。这说明我国第三产业的发展在受到各种因素制约的环境下，开始起步，并逐步发展。1978—2014 年，我国第三产业的产值比重总体上呈上升趋势，从 24.5%上升到 48.1%，上升了 23.6 个百分点。同期就业比重由 12.2%上升到 40.6%，上升了 28.4 个百分点。

从我国三次产业比重的演变规律来看，第一产业的比重缓慢下降，第二产业的比重依然较大，同时第三产业的比重正在加速提升。我国的产业结构特征说明我国城市化进程正在推进，但仍有大量低端劳动力滞留在农村，由于诸如户籍制度等原因，虽然近年来农村外出务工的劳动力逐渐增多，但这种方式只能在短期内增加其家庭收入，并不能从根本上解决农村劳动力存留的问题和农业可持续发展的问题。同时，农村大量劳动力涌入城市给工业的发展提供了廉价的劳动力，再加上长期以来加工制造业的过度投资，从劳动力和资本两个方面同时刺激了第二产业的快速发展，这也是造成第二产业比重居高不下的原因。这种现象使得第三产业发展的投资空间相对不足，行业的垄断性较为严重，人力资本积累不足，传统服务业的改造升级非常缓慢而现代服务业的发展也很滞后，一定程度上制约了我国第三产业的进一步发展。从发达国家的经验来看，不管是农业富余劳动力的转移还是工业增长方式的转变，都必须依靠第三产业的相应发展，因此，我国下一步产业结构调整的重点应该是以第三产业的发展为切入点，通过第三产业的发展来达到优化产业结构和吸纳劳动力就业的双重目的。

我国第三产业还存在地区发展极不平衡的问题。由于历史、自然、投资环境以及经济发展水平等客观因素的影响，不同地区第三产业的发展水平存在巨大的差异，东部地区第三产业的发展水平要明显高于中西部地区。

另外，从整体而言，我国第三产业中的公共服务水平与居民生活需求存在较大的差距。政府的基本公共服务供应能力明显不足，社会服务体系非常不完善，义务教育、医疗保险、社会保障、社会治安等公共服务的供给较为短缺，不能完全满足社会需要。这在很大程度上增强了居民的未来支出预期，从而抑制了居民的即期消费。

综上所述，无论从发展现状还是从国际比较的角度而言，我国第三产业都具有较大的发展前景和发展潜力。今后我国将加快经济战略转型，加快产业结构优化升级步伐，第三产业的发展将是实现这些目标的重点和突破口，换言之，第三产业将会主导经济结构升级和优化，大力发展第三产业将成为实现经济跨越式转型的战略选择。

二、我国第三产业发展的前景

随着汽车进入家庭，传统的工业化进程即以规模扩张的工业化进程基本完成。交通运输条件（如高速公路等基础设施）的迅速改善、收入的提高、休假制度的变化和生活观念的改变都在表明，第三产业的发展空间已然完全打开。

第一，经济的全球化客观上要求加快发展第三产业。中国经济要更加深入地融入全球经济，深度参与经济全球化，需要适应世界经济向服务型经济转型的总体趋势，完成第三产业国际转移承接与让渡的接力，在调整中提升国家在全球价值链中的战略地位；加快发展第三产业，有助于提升中国制造业水平和货物贸易的国际竞争力，提升产品的核心价值和附加价值；加快发展第三产业，可以降低能源消耗，促进制造业的转型升级，促进就业；第三产业中的服务贸易的发展可以适当缩减贸易顺差，可以引进国外先进技术，并通过引进消化吸收再创新提升我国产业的技术水平，从而达到提升“中国制造”的品质的目的。

第二，加快发展第三产业是转变经济发展方式的迫切要求。转变经济发展方式的一个重要方面就是要使产业结构趋于合理化，要从主要依靠第二产业带动向第一、第二和第三产业协同带动转变。我国产业经济发展不协调表现为第一产业不稳定，第二产业不强，第三产业不足，质量问题长期未能得到改善。第三产业的发展以第一和第二产业为基础，但是第三产业的落后反过来也会制约第一和第二产业的发展，例如研发水平的滞后，制约了自主创新能力的提高；金融业的滞后，制约了市场配置资源功能的发挥；物流业的滞后，使流通成本居高不下等。加快发展第三产业，特别是发展服务业应该作为转变经济增长方式的重要内容，这将有利于集中力量破解长期经济增长中存在的发展难题。为生产服务的新兴服务业，包括研发、金融、物流、电子商务、法律、咨询、会计、服务外包等行业，以及医疗卫生、社区服务、教育培训、文化休闲等公共服务和消费性服务产业将成为第三产业发展的重点。

第三，我国居民消费水平的升级需要大力发展第三产业来支撑。我国人均GDP已超过8000美元，随着居民消费水平的提高，第三产业将会成为最大的受益者。当小康家庭达到一定数量规模以后，消费结构的升级势在必行，居民消费将逐步从舒适型向享受型转变，一方面在衣、食、住、行等各方面都要求提高档次，更加多样化和高档化；另一方面则预示着这些方面的支出在居民整体消费支出中的比重将有所降低，同时，居民在文化、娱乐、休闲、健康等方面的消费比重将不断加大，表现为旅游、高等教育、休闲等领域，服务需求的收入弹性系数将会有较大幅度的上升。这些都将成为未来一个时期带动第三产业快速发展的重要支撑。

第四，城镇化的发展必然伴随第三产业的发展。在农村人口转移为城镇人口即城镇化的过程中，对第三产业的需求必然会进一步增加。城镇化实际上是第三产业的主要载体和依托，没有城镇化，也不会有第三产业的快速发展。从世界上主要国家的产业结构中可以看出，城市化的发展水平与第三产业之间有非常密切的关系。而国际上的一些重要城市，其第三产业水平也相应很高，例如纽约的第三产业比重超过了80%。而我国上海在2015年的第三产业比重为67.8%，还有一定差距。城镇化是第三产业的载体，城市中聚集的产业、人口以及相对完善的基础设施等都是第三产业发展的依托。例如，城镇化带来了第三产业所需的消费大市场，消费性服务例如餐饮、零售和旅游等将会加快提升。反过来看，第三产业的发展是提高城镇化水平的助推器。因为第三产业各个领域的发展是城镇化的基础。无论是基础设施、公共服务还是文化教育以及医疗卫生等各方面都促进了高质量的城市化，提升了城市的功能。城市化发展到一定程度，客观上要求更高层次的第三产业，或者称作现代服务业，来支撑城市化水平的不断提高。随着城市规模的扩大，功能的持续完善，集聚效应的增强，城市的商务成本在不断上升，一些低附加值的传统产业在城市便无法维系，这种情况下必然从传统的服务业、第三产业向知识密集型、低消耗、高辐射力、高附加值的现代服务业升级。所以，很多城市的现代服务业、现代商业、金融业和创意产业，还有电子信息，以及其他方面成为第三产业的主导产业，这是第三产业进一步提升城市水平的重要方面。

第五，第三产业是吸纳就业的天然“蓄水池”。以美国为例，美国在20世纪50年代初，劳动力在第三产业就业的人数只占总数的50%，而到了20世纪90年代中期就已经达到了80%，就业的充分曾对保持美国消费的持续旺盛做出了重要贡献。从优势上看，我国第三产业就业容量最大。据测算，每投资100万元可提供的就业岗位，重工业是400个，轻工业是700个，第三产业是1000个。因此，第三产业的发展对于解决就业问题具有积极作用，而充分就业又是激活消费、拉动内需的一个重要因素。

三、我国第三产业发展的战略选择

2015年第三季度我国的第三产业在总量上已经超过第一产业与第二产业的总和,整个经济正处在从工业化社会向后工业化社会全面转型的初期,标志性表现是:生产汽车与修理汽车相比较,修理汽车的利润比生产汽车的利润更高。这就意味着像汽车这样的产业必须以汽车作为载体,延伸出一条为汽车消费的服务链。住房消费从造房子、卖房子的模式逐渐转变为以已销售的房地产为载体,为住户提供增值服务的模式。所以,服务业正在成为主导产业,实现第三产业的良性发展是中国经济转型最重要的一环。政府应从以下几方面改革入手。

1. 将加快第三产业发展作为经济增长的战略重点之一

我国经济发展方式转变和产业结构升级的方向在于第三产业的发展,因此从政府层面考虑,我们今后要加强第三产业的总体规划和引导,促进现代第三产业有序、健康和协调地发展,适应新一轮以全球化为主要驱动力的第三产业发展潮流,把实现第三产业开放性、跨越式升级作为转变发展方式、实现经济结构战略性调整的主攻方向之一。

2. 以制造业升级为契机,努力推动我国生产性服务业的发展

生产性服务业是指为保持工业生产过程中的连续性,促进工业技术进步、产业升级换代和提高生产效率,提供保障服务的服务性行业。它是与制造业直接相关的配套服务业,是从制造业内部生产服务部门独立发展起来的新兴产业,其本身并不向消费者提供直接的、独立的服务效用。生产性服务业依附于制造业企业而存在,以人力资本和知识资本作为主要投入品,不断地把日益专业化的人力资本和知识资本引进制造业,是第二、第三产业加速融合的关键环节。生产性服务业作为中间投入行业,是经济的黏合剂,它能够促进经济交易,

刺激商品生产，推动其他部门的增长，在后工业化时代，生产性服务业对经济增长的作用更加突出和明显。

近几十年来，生产性服务业在发达国家得到了充分的发展，并逐渐形成了一个完整的生产性服务业的产业链，这条产业链能够为企业提供从产品立项到产品营销与服务的全方位支持。无论是诸如IBM、HP这样的大公司的成功转型，还是小型企业的异军突起，都必须在这条产业链中找到适合自身发展的位置。生产性服务业作为货物生产或其他服务的投入而发挥着非常重要的中间功能，它们提高了生产过程中不同阶段的产出价值和运行效率，具体包括上游(如可行性研究、风险资本、产品概念设计、市场研究等)、中游(如质量控制、会计、人事管理、法律、保险等)和下游活动(如广告、物流、销售、人员培训等)。换句话说，工业生产性服务业实际上贯穿于生产、流通、分配、消费等社会再生产的各个环节之中。一个生产企业在世界市场上保持竞争地位的关键是保持"上游"、"中游"和"下游"三个阶段的服务优势，因为贯穿于生产三个阶段的服务在产品价值链中开始胜过物质生产阶段。生产性服务，无论是"内化"服务(即企业内部提供的服务)，还是"独立"服务(即从企业外部购买的服务)，都是形成生产者产品差异和产品增值的主要源泉。这条完整的产业链已经成为发达国家市场经济非常必要的发展软环境，换言之，工业生产性服务业实际上是市场资源强大的调配器。

生产性服务业已经成为西方发达国家经济结构中增长最快的部门。例如，在OECD(经济合作与发展组织)国家中，金融、保险、房地产以及经营服务等生产性服务业的增加值占国内生产总值的比重超过了1/3。同时，近年来美国、日本、德国等发达国家制造业中间投入部分的生产性服务所占比重也在不断增加，服务投入的增长速度明显快于实物投入的增长速度，可以说，制造业和服务业相互融合发展的趋势日渐明显。

与西方发达国家相比,我国的生产性服务业存在较大的差距。西方发达国家的服务业占GDP的比重可以达到70%,与此同时,生产性服务业又占服务业的70%。在中国,生产性服务业统计国家标准刚刚建立,目前还没有权威的统计数字。根据一些机构的估计,我国生产性服务业占GDP的比重大约在15%的水平。这样一个数据与中国作为制造业大国的地位是不相适应的。

生产性服务业能有效降低制造业中间服务的成本,提高制造业的生产效率,增加产品的附加价值和竞争能力。目前,我国已经发展成为全球最大的商品和制造业贸易的顺差国,具有绝对的制造业规模优势,但是要成为制造业强国还有一定的距离,原因之一就是制造业服务业的相对落后。据专家估计,如果我国的生产性服务业占GDP的比重提升10个百分点,达到发达国家一半的水平,将会带来12万亿元的增长空间,由此可以带来2500万人的就业。前文第四章第二节提到,我国社会物流总费用与GDP的比率,近10年来,一直不低于16%,而发达国家一般控制在8%~10%,作为全球第二大经济体,2014年我国全球供应链绩效指数排在世界第28位。这些数据说明,中国物流的供给结构、供给质量、供给效率都存在许多问题,这些都直接影响中国制造的竞争力。所以生产性服务业是一个巨大的蛋糕,更是中国经济发展的新动能。目前,我国生产性服务业的落后,严重影响了中国制造的影响力。以物流运输为例,虽然我国已经建设了450万千米的公路网,但是却缺乏有效的系统,例如一个城市没有公路物流中心,没有信息指挥系统,没有安全和诚信系统,公路没有形成系统,人和公路、公路和水运、公路和航空就无法做到互联互通,基础设施的效率无法得到进一步提高。从企业角度而言,其供应链管理水平低下,因此大多数企业无法做到零库存管理。例如,遍布全国的仓储设施处于无序的分散状态,都是信息的"孤岛",这直接造成企业物流成本居高不下,占生产成本的比例高达30%~40%,极大地高于西方发达国家10%~15%的比例,现在企业很大一部分利润被物流吞噬，这直接影响中国制造的竞争力。所以，要通过生产性服务业的全面发展，来重塑中国制造的产业链、供应链和价值链，这将为中国制造转型升级带来巨大的推动力，支撑中国迈向制造强国。

从目前的发展趋势而言，能够决定产业竞争力水平的已经不仅仅是，甚至在一些领域已经不再是制造环节，而是转向了生产服务环节。只有生产性服务业发达，才能占领全球制造业的战略制高点。

以汽车行业为例，国际汽车业的利润获取更多地已经从制造领域转到服务领域。我国的汽车制造能力虽然已经取得了长足进步，与发达国家的差距在一定程度上已经缩小，但是在研发、品牌建设、信息化等生产性服务环节，却滞后很多。未来，我国汽车业要想获得比较强的国际竞争力，除了继续加强关键技术的研发之外，还要进一步把研究开发与产业化有效结合，实现良性互动。例如，特斯拉并没有掌握新能源汽车的制造技术，但是该公司具备强大的集成能力并发现了有效的商业模式，从而一跃成为全世界新能源汽车销量的第二位。未来，核心技术以及系统集成能力，是把握市场先机的关键。汽车行业还一定要关注信息化服务。“数字化、智能化、信息化”是当前国际汽车巨头都在努力的方向。当前我们的汽车生产制造要讲标准化，但是随着技术进步和市场环境的变化，未来消费者对汽车的需求是个性化和多样化，要满足这一点，就一定要运用信息技术。在生产制造环节，信息技术的应用可以实现对生产流程的再造，从而满足未来汽车消费者的个性化需求。品牌建设是目前我国汽车生产性服务中的最短板，因此也是发展重点。值得注意的是，品牌建设服务并不只是涵盖整车品牌，包括零部件也要做出有品牌的好产品。节能环保服务也是关系到未来汽车行业生死存亡的关键，新能源汽车的研发、制造，传统能源汽车的低排放，生产过程中的节能环保，都是节能环保服务囊括的环节。目前有一种专业化的节能环保服务叫合同能源管理，即节能服务公司为实现节能目标向用能单位提供必要的服务，用能单位以节能效益支付节能服务公司的投入及其合理利润的节能服务机制。对于汽车企业来说，既可以采用这种专业化分工服务，也可以采用一体化发展，即企业内部机构开展相关服务。除此之外，汽车金融服务、检测服务等都很重要。无论是将相关业务分离出去做专业化服务，还是企业内部一体化发展都要视企业自身发展情况而定。总体而言，我国的生产性服务业在全球的产业分工中不具备比较优势，关键性的一些技术专利和知识都被发达国家控制，这严重影响了制造业的升级发展战略。但同时，我们也看到了一些可喜的进步，根据国家知识产权局披露的信息，华为向苹果许可专利 769 件，苹果向华为许可专利 98 件。在通信行业中，两个公司签订专利相互许可权时，数量多的一方要向数量少的一方收取专利费。这意味着华为已经开始向苹果收取专利费。具体金额涉及商业机密，但参照苹果与其他公司之间的协议，这笔专利费据估计将达到每年数亿美元。

现阶段，我国生产性服务业重点发展的领域包括研发设计、第三方物流、融资租赁、信息技术服务、节能环保服务、检验检测认证、电子商务、商务咨询、服务外包、售后服务、人力资源服务和品牌建设等。为了给生产性服务业发展创造良好的环境，以最大限度地激发企业和市场活力，政府应重点从以下几方面着手：

(1)进一步放开生产性服务业领域市场准入，营造公平的竞争环境，不应对社会资本设置任何歧视性障碍，鼓励社会资本以多种方式发展生产性服务业；引导外资企业来华设立生产性服务业企业、各类功能性总部和分支机构、研发中心、营运基地等。统一内外资法律法规，推进生产性服务业领域有序开放，放开建筑设计、会计审计、商贸物流、电子商务等服务业领域外资准入限制。加快研究制定服务业进一步扩大开放的政策措施，对已经明确的扩大开放要求，要抓紧落实配套措施，探索对外商投资实行准入前国民待遇加负面清单的管理模式;鼓励有条件的企业依托现有产品贸易优势,在境外设立分支机构,大力拓展生产性服务业发展空间。简化境外投资审批程序,进一步提高生产性服务业境外投资的便利化程度。

(2)完善财税政策。根据生产性服务业产业融合度高的特点,完善促进生产性服务业的税收政策。中央财政和地方财政在各自事权和支出责任范围内,重点支持公共基础设施、市场诚信体系、标准体系以及公共服务平台等服务业发展薄弱环节建设,探索完善财政资金投入方式,提高资金使用效率,推动建立统一开放、规范竞争的服务业市场体系。鼓励开发区、产业集群、现代农业产业基地、服务业集聚区和发展示范区积极建设重大服务平台。积极研究自主创新产品首次应用政策,增加对研发设计成果应用的支持。完善政府采购办法,逐步加大政府向社会力量购买服务的力度,凡适合社会力量承担的,都可以通过委托、承包、采购等方式交给社会力量承担。研究制定政府向社会力量购买服务的指导性目录,明确政府购买的服务种类、性质和内容。

(3)创新金融服务。鼓励商业银行按照风险可控、商业可持续发展原则,开发适合生产性服务业特点的各类金融产品和服务,积极发展商圈融资、供应链融资等融资方式。建立完善相应的融资支持体系和产品。搭建方便快捷的融资平台,支持符合条件的生产性服务业企业上市融资、发行债券。

(4)建立完善主要以市场决定价格的生产性服务业价格形成机制,规范服务价格。建立科学合理的生产性服务业企业贷款定价机制,加大对生产性服务业重点领域企业的支持力度。

(5)鼓励生产性服务业企业创造自主知识产权,加强对服务模式、服务内容等创新的保护。加强知识产权执法,加大对侵犯知识产权和制售假冒伪劣商品的打击力度,维护市场秩序,保护创新积极性。加强政府引导,及时发布各类人才需求导向等信息。支持生产性服务业创新团队培养,建立创新发展服务平台。研究促进设计、创意人才队伍建设的措施办法,鼓励创新型人才发展。建设大型专业人才服务平台,增强人才供需衔接。

3.加快发展生活性服务业,促进消费结构升级

生活性服务业是服务经济的重要组成部分,是国民经济的基础性产业,它直接向居民提供物质和精神生活消费产品及服务,其产品、服务用于解决购买者生活中(非生产中)的各种需求。包括以互联网和物联网为技术支持的信息消费,绿色消费,住房消费,旅游、度假和休闲消费,文化和体育消费,养老和养生消费。目前我国人均GDP超过8000美元,已经进入消费需求持续增长、消费结构加速升级的重要阶段。但是与快速增长的服务消费需求相比,我国生活性服务业发展水平还相对滞后,对消费升级的支撑作用不强。目前发达国家服务性消费占消费支出的比重已超过60%,而我国服务性消费占比尚不足30%。"十三五"时期,要发挥消费对经济增长的基础作用,以扩大服务消费为重点带动消费结构升级,必须把优化生活性服务业供给作为扩大消费需求的着力点。以增进人民福祉、满足人民群众日益增长的生活性服务需要为主线,大力倡导崇尚绿色环保、讲求质量品质、注重文化内涵的生活消费理念,创新政策支持,积极培育生活性服务新业态、新模式,全面提升生活性服务业质量和效益,为经济发展新常态下扩大消费需求、拉动经济增长、转变发展方式、促进社会和谐提供有力支撑和持续动力。

按照市场化程度为标准,可以将生活性服务业分为两大类:

一类是市场化程度比较高的生活性服务业,包括零售服务、住宿餐饮服务、居民和家庭服务等。此类生活性服务业的市场主体是民营中小企业和个体商户。这类服务面临两方面的问题:一方面,由于经营成本持续增加、税费负担重、融资难等问题比较突出,因此企业创新和发展活力不足,从而制约了服务供给。特别是社区商业和便民生活服务供给存在明显短板。另一方面,由于政府

多头管理与市场监管缺位的问题并存，部分服务产品的有效供给不足，服务质量不高，存在服务不规范、缺乏信誉（例如疫苗问题）等问题，难以有效满足居民需求。

另一类是“半市场化”的生活性服务业，例如旅游服务、文化服务、健康服务、养老服务、体育服务等。此类生活性服务业具有产业和事业、商业性和公益性的双重属性。

我国养老服务业近年来得到了迅速发展，以居家为基础、社区为依托、机构为支撑的养老服务体系初步建立，老年消费市场初步形成，老龄事业发展取得显著成就。但总体上看，养老服务和产品供给不足、市场发育不健全、城乡区域发展不平衡等问题还十分突出。当前，我国已经进入人口老龄化快速发展阶段，2020 年老年人口将达到 2.43 亿，2025 年将突破 3 亿。积极应对人口老龄化，加快发展养老服务业，不断满足老年人持续增长的养老服务需求，是全面建成小康社会的一项紧迫任务，有利于保障老年人权益，共享改革发展成果，有利于拉动消费、扩大就业，有利于保障和改善民生，促进社会和谐，推进经济社会持续健康发展。

发展体育事业和产业是提高中华民族身体素质和健康水平的必然要求，有利于满足人民群众多样化的体育需求、保障和改善民生，有利于扩大内需、增加就业、培育新的经济增长点，有利于弘扬民族精神、增强国家凝聚力和文化竞争力。近年来，我国体育产业快速发展，但总体规模依然不大、活力不强，还存在一些体制、机制问题。

由于存在体制改革滞后等因素的影响，这类生活性服务业产业与事业边界界定不清，依然存在部门垄断，民营资本进入仍然面临诸多限制，导致高质量、多样化、便利化的服务供给不足。

要区别两大类生活性服务业的市场化特征，并从以下几个方面采取有针对性的措施，提高生活性服务业的质量标准和效率水平。

(1)降低企业成本。一是尽快推进和完善生活性服务业“营改增”改革，针对生活性服务业“轻资产”、难以进行进项抵扣的特点，将养老服务、居民和家庭服务、餐饮服务、文化演出服务等生活性服务业纳入简易征收范围，统一使用3%的简易征收税率。同时要坚决清理不合理的行政事业性收费，努力减轻企业的负担。二是完善行业信贷政策，鼓励商业银行将生活性服务企业的商标、品牌等无形资产纳入授信范围，完善无形资产、债券抵押、商业用地抵押制度，有效降低企业融资成本。三是完善餐饮、家政等生活性服务业的社会保险政策，降低企业的人工成本。

(2)加强社区消费供给。社区存在的商业活动和各种便民生活服务是城市服务业的重要基础，是满足居民综合消费需求的重要载体。要补足社区商业和便民生活服务设施不足的短板，政府应该制定公益性或微利经营性居民生活服务设施建设指导目录，在城市建设配套费中安排一定比例的专项资金，以投资入股、产权置换、公建配套、回购回租等形式出资购买部分社区商业用房，用于支持社区的菜市场、便利店、早餐店、家政服务点、智能快件柜等居民生活必备网点和设施建设，促进社区居民生活消费便利化。

(3)扩大“半市场化”生活性服务业对内对外开放。实现对内开放是优化生活性服务业供给的重要前提。应坚持放管并重的原则，进一步放宽文化、健康、养老、体育等生活性服务行业的市场准入限制，着力打破垄断，探索在不同环节、不同领域建立负面清单的管理模式，鼓励社会资本参与生活性服务业发展。

(4)创新生活性服务业治理模式和监管机制。加快健全生活性服务领域行业规范、标准体系，在重点领域开展服务质量认证示范工作。同时，推进生活性服务行业监管信息平台建设，鼓励行业协会开展企业信用等级评定，促进企业规范化经营，提高服务质量。

4. 借力互联网，实现现代服务业的转型升级

2015年3月5日，李克强总理提出国家要制订“互联网＋”行动计划，首次将互联网建设上升到国家战略的层面，为互联网向各行业的融合渗透创造了良好的政策环境。在此历史机遇下，我国现代服务业应当充分利用互联网的相关技术和先进模式，实现转型升级，并发挥对整体经济高质量的支撑作用。

互联网思维最早是由百度公司创始人李彦宏提出的，指的是在互联网和云计算等科技不断发展的背景下，运用互联网对整个市场、广大用户、企业价值链甚至整个商业生态进行思考。互联网思维当然不仅限于互联网产品，而是一种广泛意义上的互联网思维，而且互联网实际上是将人的价值放在首要和中心位置，是一种充满生态特色的思考方式。

互联网的发展深刻影响了服务业。例如，由于服务具有不可储存性，所以经常导致服务的供给和需求不平衡，高峰期无法通过库存来缓冲市场需求，空闲时又面临服务闲置。借助互联网的信息匹配和用户汇聚功能，可以对服务的供给和需求进行精细化管理，解决供需不平衡的问题。随着经济水平的提高和人均收入的增长，消费需求的个性化日益明显，互联网提供了实现这些目标的技术手段，大数据分析可以对用户进行聚类和关联规则挖掘，从而得到相对精准的个性化需求信息，传统的由厂商到产品再到用户的模式，将会转变为从用户到产品再到厂商的模式，最终满足个性需求。实际上，从衣食住行、游娱教医、家政，再到金融和其他专业服务，移动互联网都将重塑服务模式，带给消费者无比方便的个性化体验，从而助力服务型经济在中国的大发展。

互联网对现代服务业的最深刻影响在于商业模式的变革。互联网提供的全新思维包括社会化协作、开放式创新、扁平化组织等关键因素。工业云是典型的借鉴互联网思维变革软件服务商业模式的例子。工业云是基于云计算相关技术向各个工业制造企业提供软件和其他生产性服务，使得制造企业通过社

会资源共享实现成本的节约和效率的提升。工业云平台为各类制造企业和工业服务企业搭建起技术交流和服务交易的互动平台，深度整合各种设计和生产资源，汇集个人和企业创新成果，推动制造企业从工业云平台获取生产工具和生产资料，降低企业的创新成本和门槛。

互联网思维还能促进制造业本身的升级。在电子商务的影响下，制造业的发展进入了一个新的阶段，资源可以实现全球配置，原材料可以实现全球采购，人才则可以全球招聘，全球组织生产，实现资源、人才和原材料的全球化。同时制造业不再仅仅依赖于规模效应，而是更多地依赖于对市场的反应速度。

互联网对传统制造业最突出的影响就是去中心化、信息含量决定价值以及以人为本。由于效率低下的国有企业给正在放缓的中国经济造成越来越大的拖累，政府积极鼓励国有企业向国内科技先锋企业学习，并推进一项新的工业战略，即以互联网驱动的效率为庞大的制造业注入活力。目前一个备受关注的合作例子是，阿里巴巴旗下的风险投资公司向五矿发展股份有限公司的电商子公司投资约人民币 3 亿元，这将有望成为国企和私企合作的范例。

五矿发展股份有限公司是中国五矿集团公司的旗舰子公司，该公司希望把阿里巴巴的淘宝平台作为其刚刚起步的钢铁交易网站的模板。随着大宗商品需求大幅下降，五矿发展股份有限公司 2015 年大约亏损 40 亿元。这个项目将成为五矿发展股份有限公司深化国企改革的一次重要的实验。对互联网企业阿里巴巴而言，这笔交易是其进入中国一个陷入困境但依然非常重要的经济领域的一条途径，这将为其提供新的销售平台，并可能带来新的收入。行业预测显示，国有企业技术升级市场规模非常庞大。据预测，中国政府和企业 2015 年购买了大约 1470 亿美元的技术产品和服务，2014 年的购买规模为 1240 亿美元。

此外，中国最大的炼油企业中国石油化工集团公司也推出了一个电商平台，被称为中国的“工业淘宝”。中国石化借助阿里巴巴在云计算方面（包括大数据分析和存储）的优势，建立并运营这个将油气等供应商与制造商连接起来的网站。中国石化表示迫切希望在大数据分析、信息安全等领域与阿里巴巴进一步合作。

最后，利用互联网促进现代服务业转型升级需要做好以下几点：一是打造互联网与现代服务业融合的良好环境。互联网环境存在虚拟化的特征，有必要采取措施提高其可信度和安全性。例如，要确保互联网资金流的安全性，我国应该尽快建立完善的征信体系，重点需要解决的是个人信用数据不开放、信用数据分散以及相互屏蔽的问题。二是要减少互联网向现代服务业渗透的行政壁垒。政府要简化审批程序，吸引更多的市场主体，特别是小微企业和初创企业进入现代服务业，增加现代服务业的市场活跃程度。互联网和现代服务业会催生出很多新的模式和业态，政府监管部门应该努力避免成为商业模式创新的阻碍者。三是重点推进生产性服务业利用“互联网+”，推动其提升质量和实现升级。

本章小结

2015 年第三产业在 GDP 中所占比重约为 50.5%，在 2015 年 6.9%的 GDP 增长率中，第三产业贡献率为 66%以上，这表明第三产业已成为未来经济增长的支点。本章简单介绍了第三产业的产业定位以及发达国家第三产业的发展历史，并回顾了我国第三产业的发展历程。2015 年的第三季度，我国第三产业在总量上已经超过第一产业与第二产业的总和。根据发达国家的发展规律，我国经济正处在从工业化社会向后工业化社会全面转型的初期，未来第三产业将成为经济增长的战略重点，伴随着制造业的升级，我国的生产性服务业将迎来发展契机，而生活性服务业的发展必将促进我国居民消费结构的升级。

我们将在最后一章介绍推动供给侧结构性改革所需要的宏观政策保障。

第六章 供给侧结构性改革与宏观经济政策

供给侧结构性改革是市场在资源配置中起决定性作用的政策环境下进行的中国经济转型与结构调理的重大改革，推进市场化改革，让市场在这一改革中具有决定性意义，这是前提。但由于市场本身的一些缺陷如信息不对称、外部性及垄断等，传统的体制造成利益集团的牵制，过剩产能遍及所有产业等，如果放手完全让市场调节，不但不可能完成经济转型和结构调整这一重大目标，同时还可能引发社会震荡。所以，宏观政策符合市场规则，协调重大利益关系，是供给侧结构性改革的必要条件。为此我们认为，宏观政策稳定，让市场主体追求长远利益，微观经济政策搞活，鼓励市场主体创业，社会政策托底，保障社会稳定是供给侧结构性改革的保证。

第一节　宏观政策稳定

我们认为市场主体是理性的追求自身利益的主体，任何一个经济主体都要在给定的条件下，追求自己的最大利益。这一命题有两个含义：第一，每一个经济主体都明确地知晓它的经济利益所在，也就是“知好歹”；第二，既然明确知道自己的利益所在，那么在从事经济基础活动的过程中，总是想尽办法去实现自己的利益，而不是与自己的利益越来越远。正如亚当·斯密所说的：给我所需要的东西，这样，你也能得到好处。这就是说，基于人们的利己性，他们总是愿意并努力去得到他们能够得到的更多的好东西。人们在面临各种选择时，希望得到净利益最大化。理性的经济主体包括：理性的消费者、理性的企业、理性的要素所有者和理性的政府。亚当·斯密在《国富论》中精辟地指出：“我们期待得到晚餐，不是根据屠夫、酿酒商或面包师的仁慈，而是因为他们都关心自己的利益。我们要关注的不是他们的仁慈，而是他们对自己的爱；从来不用向他们说明我们需要什么，只要向他们说明什么是他们的利益所在。”

经济主体的利益可以分为长期利益与眼前利益，两者经常会有矛盾和冲突，当两者发生矛盾时，经济主体就会进行选择。一般情况下，长远利益大于眼前利益，所以人类有追求长远利益的主观动机，但长远利益是在未来实现的，而未来又具有明显的不确定性。所以，追求长远利益的行为是有诸多不确定因素的。在经济主体追求长远利益的过程中，最大的不确定性是游戏规则的不确定。所以，当一个体制在游戏规则不确定而且多变的前景下，大家都会追求眼前利益。当大家都追求眼前利益时，所有人的行为都是短期化的；当大家都追求眼前利益时，市场经济就不会有诚信基础，中国改革开放以来业已形成的诚信缺失大多是由于政策多变造成的。

所以政策稳定是给经济主体稳定的市场预期，是信用的基础条件，当然是市场经济最基础的条件。

人们在追求自身利益的活动中，许多都是在陌生人之间进行的。很难想象如果彼此之间缺少了基本的信任，将会给人与人之间的交往造成多大的障碍。在一个没有信任的地方，不可能有经济的持续繁荣。我们为什么会信任素不相识的人，为什么会和不明底细的组织或者机构打交道？这是因为彼此之间存在某种共识，这种共识使得经济主体可以重复地进行大量交易活动，共识的存在减少了不确定性。共识要以规则为基础，而规则必须明确禁止各种不可预见的行为和机会主义的行为，增进秩序，使个人行为变得可预见。这种规则就是制度，制度使得经济主体之间交往的风险更少，成本更低，并减少短视行为。合理恰当的制度为各类市场主体之间的合作提供了一套稳定的框架，这套框架除了包括文化习俗、共同的伦理体系之外，还包括法律条例、政策规章等。制度框架当然不是经济增长的充分条件，但却是必要前提。供给侧结构性改革的首要目标就是做好制度建设，目的是让市场更有效，经济主体更有活力。

早在斯密和休谟的时代，思想家就已经认识到了制度对经济增长的重要作用。至少有三项制度被认为对于人类社会的进步至关重要，分别是保护产权、契约自由以及信守承诺。

产权是经济主体一项受到保护的权利，拥有产权的主体可以通过收购、抵押和转让等手段对其所拥有的资产进行处置，并有权占有因此产生的收益，同时也要承担因此造成的损失。因此，产权同时决定了在财产运用中产生的收益和责任，不能把产权等同于拥有某项物质财产，因为产权的所有者在拥有某项财产获得收益的同时，也要承担因此所带来的成本。产权应当是在社会中受到广泛尊重的权利和义务。

产权建立了经济主体和某项资产之间的密切关系，这种资产可以是有形资产，也可以是无形资产或者人的身体。在产权得到充分保护的前提下，经济主体才能获得所谓的“经济自由”，对资产的利用效率才可能得到充分的发挥。反之，产权得不到保护或者产权界定不清就会导致经济主体占有资产的不确定性，从而导致对资产的利用程度下降。

当产权的观念得到贯彻和在市场中被使用时，就产生了交易成本。交易成本是人们与其他人进行交易之前设法获得信息所造成的成本。获得信息之后，双方还必须谈判以缔结契约。契约是两个经济主体之间为交换产权达成的有约束力的协议。之后还必须对契约的执行情况进行监督，必要时进行公正的裁决和惩罚。这个过程包含巨大的风险和高昂的成本，通过建立合理的制度，能够有效地使这一过程标准化，从而降低风险和成本，促成交易的进行。制度还必须保证缔结契约的自由，经济主体在财产上的自主权被称为“经济自主权”，也必须借助制度进行维护，否则也会大幅度提高信息和交易成本。

要想发挥市场主体的积极作用，除了确立产权、保护契约自由这些基本的制度设计之外，还要注意宏观经济政策的稳定。“宏观政策稳定”，是指政策制定的决策程序要科学，保证政策制定的科学性和合理性，这样才能避免政策“朝令夕改”;才能避免过度的财政赤字和政府举债,减少政府债务尤其是地方政府债务风险;才能避免过度宽松的货币政策,避免大幅增加流动性,以防止经济出现大起大落,同时避免出现严重的通货膨胀,规避不确定性风险。宏观经济政策是依据我国国情制定的游戏规则,一经提出不宜经常变动,要保持连续性和稳定性,否则会造成前进目标和方向的混乱。

很多中国企业在发展的过程中,盲目追求打败竞争对手,扩大市场份额,甚至超过了对企业产品本身的重视程度,造成后续产品不能适应市场的新需求,不切实际地扩大投资造成资金链断裂,最终落得“兴也忽焉,亡也忽焉”的结局。我们认为宏观政策不能给企业一个稳定的信号是造成企业过度重视短期利益的一个重要原因。

在第四章中提到,我国供给侧结构性改革所面临的首要问题就是工业去产能,任何处于主流的技术和产业在经历过一段时间之后都会进入成熟化和老化的阶段,因此,如果仅仅通过财政政策和货币政策进行需求刺激,是不可能从根本上解决技术周期和供给老化问题的。同样,当一个国家的经济结构出了问题,有太多处于供给成熟和供给老化阶段的产业,那么需求刺激就无法改变经济结构转型的问题。在这种情况下,特别需要政策的稳定,以便给经济主体一个稳定的市场预期,这是信用的基础条件,当然是市场经济最基础的条件。

第二节　微观政策搞活

经济活动的基础是资源的稀缺性和人的理性,而市场经济的核心问题则是研究资源的有效配置,即如何用有限的资源满足各种需要的问题。因为稀缺,所以理性的主体就会选择,选择需要信息,而信息又是不完全和不对称的。所以就会有机会成本。选择的成本就是机会成本,当我们利用资源从事某项产品生产的时候，就不能用它从事其他产品的生产，被放弃的选择就构成了我们正在从事的活动的机会成本。准确而言，生产一单位的某种商品的机会成本是指生产者所放弃的使用相同的生产要素在其他生产用途中所能得到的最高收入。这是经济活动行为方式的最重要的准则之一。经济学使用机会成本的概念可以准确地反映出把有限的资源用于某项经济活动所需要付出的代价，从而促使人们比较合理地分配和使用资源。

在制度不断趋于完善，政府稳定宏观政策的背景和前提下，降低机会成本，促进资源的合理配置的另一个重要的方面就是使市场在资源配置中起决定性作用。而如何使得市场发挥资源配置的决定性作用呢？市场经济的有效的资源配置制度包括价格机制、供求机制和竞争机制。这些机制被亚当·斯密称为“看不见的手”，存在利己主义倾向的经济人，在这只无形的手的指挥下，都能按照对社会有利的方式进行决策。

“每个人都力求运用他的资本，生产出最大的价值。一般而言，他既不打算促进公共利益，也不知道促进多少。他只考虑自己的安全、自己的所得。正是这样，他被一只看不见的手引导，实现着他并不打算实现的目标。通过追求他自己的利益，他常常能够，与有意去促进相比，更加有效地促进社会的公益。”亚当·斯密在《国富论》里的这段话，给我们提供了两条思路。其一，从短期的角度来看，给市场经济带来勃勃生机的是自由竞争的市场制度。由于“经济人”有利己的一面，他会千方百计地追求自身利益最大化，但在这个过程中，由于竞争的压力，在一只看不见的手的操纵下，稀缺的资源最终会实现最优配置，社会财富会不断增加。其二，从长期的角度来看，推动整个社会不断向前进步的手段来源于社会分工，亚当·斯密认为“当初人类产生分工是因为有要求相互交换的倾向”。那么又是怎样产生相互交换的倾向的呢？当一部分人拥有另一部分人所没有的东西时，通过交换获取所需要的东西，是解决问题的一种方法。但解决这种问题的方法很多，也可以通过战争、通过掠夺的方法把别人的东西攫为己有，以满足自己的利益。但在现实中，人们往往采取交换的方法，由此可见在“经济人”的内心除了有利己的一面外，还有同情他人的一面。因为人们内心具有同情心，所以他们才会拿自己所剩的东西，与别人所剩的东西相交换，而不是通过其他非理性的方法来满足自身的需要。因此，基于“经济人”本性中的同情心而产生了交换意识，又基于人们的禀赋不同，人们自然会想到社会分工，而分工的产生，又大大提高了社会生产的效率，从而推动整个社会向前发展。

在我国，早在两千多年前，孟子曾有过这样的观点：“子不通功易事，以羡补不足，则农有余粟，女有余布；子如通之，则梓、匠、轮、舆皆得食于子。”通功易事，就是使各有专业特长的人可以在社会生产中进行分工，然后相互交换其劳动果实。孟子认识到了社会分工对社会进步的好处。

伯纳德·曼德维尔在《蜜蜂的寓言》中，把人类比喻成一个巨大的蜂巢，把人比喻成这个蜂巢中的蜜蜂。最初，蜜蜂们——商人、律师、牧师、法官等，都极力不择手段地满足自己的私欲和虚荣心，整个蜜蜂社会充满自私自利的败德行为和恶习。但整个社会却因此变成了天堂，穷人也过着好日子。之所以从恶行出发得到这种善的结果，是因为在这种以分工为基础的社会中，每个人都通过自己的劳动和活动来满足自己私利的需要。伯纳德·曼德维尔在这里想说明的是：国家的繁荣和人民的普遍幸福，只有顺应人的利己本性才能得到实现。诚然，这个过程会混杂有邪恶，但这些邪恶只有通过社会经济的更大发展来纠正才行。禁欲主义要消灭人的情欲，专制主义要强调人们克己牺牲，理想主义教导人们沉思冥想，其结果只能造成对人性的摧残和对美好事物的毁灭，就如同把一个伟大繁荣的蜂巢变成一个诚实但贫困的蜂巢的蠢行一样。

分工和交换使得人们在追求利己目标的同时，产生利他的副产品。经济主体的这种交往发生在市场中，或者说，市场是可以相互替代彼此商品和服务的买方和卖方相遇的地方，人们在这种交易过程中发现并实验新的知识，找到并满足新的需求。因此，经济竞争被认为是一种动态演化的过程。买卖双方都会展开竞争，以获取更好的替代产品以及交易伙伴的信息，因此竞争就是搜寻、验证和证明有用知识的过程，在这一过程中，经济主体也会犯错误，但是会被迅速纠正。无论如何，竞争都会对寻找和实验有用的信息和知识提供非常强大的激励，正如奥地利学派经济学家哈耶克所说："竞争是发现一类事实的过程，即只要不借助于竞争，这类事实就不会被任何人知晓，也绝不会得到利用。"这些事实包括新的节省成本的工艺、新的更能满足市场需求的产品、新的技术等，最终都将极大地推动经济的增长，因此对竞争的保护应当是公共政策的核心之一。

市场机制本质上是利用供求关系确定价格，在竞争中实现资源最佳配制的经济模式，微观经济的搞活就是鼓励竞争的政策，因为市场信息的不完全和不对称性以及市场环境的瞬息万变，所以经济主体的灵活性非常重要。微观政策因此要求：①减少行政审批程序，提高政府效率，降低制度性交易成本，形成"找市场而不找市长"的行为习惯；②动员有条件的经济主体进入市场创业，为"大众创业者提供环境"；③对破坏游戏规则的行为主体严格执法，有效制止其行为。

我们需要创造有活力的微观市场环境，要相信市场，相信企业，从企业发展的角度考虑，则要坚持以"放"为主，这就是微观经济搞活的意义所在。微观经济搞活是实现发展方式转变的根本保障。微观政策要搞活，实际上回答了社会财富的创造要依靠市场主体，这是经济发展的内生动力。微观政策搞活的本质是让市场在资源配置中发挥更大的作用，这不是否认政府管理的作用，而是说无须管理的方面要留给市场。通过放活微观政策，下放政府审批权，努力改进民间投资环境，激活企业活力和创造力，释放民间投资潜力，无疑是提高效率、稳定经济增长的长期制度。

第三节 社会政策托底

市场经济强调资源的优化配置，在这一过程中就必然出现经济分化，表现在地区、行业和企业等各个层面，彼此之间的差距拉大。我国在经济进入新常态之后，这一现象加剧，其中凡是主动适应新常态、重视技术创新和质量效益的，发展态势就比较好，反之则面临较大的压力。面对这种情况，一方面，当然需要这些相对落后的地区、行业和企业的干部群众自立自强，主动促改革抓创新，力争迎头赶上；另一方面，也要有配套的社会政策，以保障社会稳定。

社会政策，是通过国家立法和政府行政干预，解决社会问题，促进社会安全，改善社会环境，增进社会福利的一系列政策、行动准则和规定的总称。其核心是解决市场经济下公民的社会风险。社会政策向纵深发展也需要融合各种其他政策内容，譬如，住房政策既涉及住房与社会环境、住房与社区建设等环境政策和社会政策，也涉及房地产市场研究、住房融资的经济政策，要在这个领域有所作为必然要使这些政策在一个新的框架中融为一体，社会政策不排斥经济政策，经济政策也不能排斥社会政策，社会政策要为鼓励竞争的政策托底。

下面我们分别从养老政策、医疗政策和失业保险政策三个方面具体了解我国社会保障制度所面临的问题。

一、养老政策

在20世纪90年代末期，我国已经进入人口老龄化阶段。老年人口迅速增长，并且出现了高龄化、空巢化以及“未富先老”等特殊现象，因此我国目前需要照顾的失能、失伴老年人员数量巨大，这使得养老保险金支付的压力剧增，地方社保基金缺口加大，医疗保险支出快速增长。我国目前所处的老龄化社会阶段，使得经济和政策方面面临严峻的挑战。

根据2015年全国最新的人口数据，我国总人口数量超过13.6亿人，其中60周岁及以上的老年人已经达到2.1亿人，占总人口的15.4%，65周岁及以上人口达到1.38亿人，占总人口的10.1%。2.1亿的老龄人口让我国成为世界上第一个老年人突破2亿的国家，我国老年人口在增长速度和增长数量两方面均成了全球第一。图6-1为2009—2014年我国60周岁以上人口数量及比例。

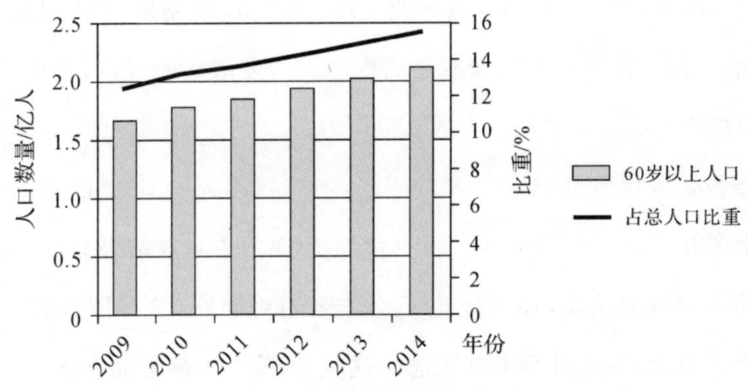

图6-1 2009—2014年我国60周岁以上人口数量及比例

更为严峻的形势是我国的人口老龄化在未来40年将进一步加速，并最终保持在高位稳定状态。受长期生育率偏低、不断增长的人口预期寿命以及人口年龄动态累积效应的影响，从2015年到2050年，我国的人口年龄结构将呈现出老年人口规模迅速扩大，老年人口比重持续提高以及老龄化速度远高于其他国家等显著特征。根据联合国的预测，到2050年，我国60周岁及以上老人将达到总人口的36.5%，这一比例高于大部分发达国家。

除此之外，我国在老年人口迅速增长的同时，还存在另一个问题，即老年人口呈现出高龄化的特征，老年人口中80周岁以上的高龄老人的规模和所占的比重都将呈现快速增长的态势。据相关预测，我国80周岁及以上的高龄老人将由2000年的1000万人增加到2050年的8200万人，老年人口的比重也将从12.4%增长到26.2%，我国将成为一个高龄化的社会。与此同时，我国城市老年人的失能、半失能率也相对较高。随着人口老龄化的加剧，失能、半失能老年人口的数量还将持续增长。老年人的照料和护理问题将会日益突出，所以加强社会养老服务体系建设的任务十分繁重。

根据人口老龄化的数据和趋势分析，养老成为我国今后发展面临的一个重要问题，面对老龄化社会，养老产业必将是社会发展所不可或缺的产业，国家曾经多次出台政策，加快发展养老服务业。在“十三五”规划里，养老已经作为“健康中国”的一部分被提到了国家战略高度。大力发展老龄经济，有助于缓解老龄化在我国所造成的发展和民生的双重压力。

社会养老取代家庭养老是大势所趋，随着我国人均GDP的不断提高，从经济上来说社会养老成为可能。根据社会上的一些调查结果显示，支持社会化养老的人数越来越多，还有独生子女养老困难问题，这些因素将改变传统的家庭养老观念，转向社会养老观念。这就要求社会养老服务体系要与经济发展水平相适应，在传统养老模式发生转变的情况下，要不断满足人民群众养老服务需求，提升老年人的生活质量，要面向所有老年人提供基本的生活照料、健康保健看护、精神慰藉、紧急救援等配套的标准服务，并形成网络。从养老机构建设标准到评鉴标准，从人力资源配置到从业人员的医护康复临床能力要求，从质量管理到风险管理，从养老机构到医院合作到相关法律议题等各方面都有待完善。建立有效的监督监管机制和社会养老服务体系是一项长期的战略任务。

应该需要注意到的是，养老服务体系的健康运行需要相关政策和法律法规的支持，为了推动和规范养老服务工作的运行，我国应该尽快出台与养老服务相关的政策和法律。例如，老年人福利法、老年护理机构的准入制度、老年护理服务划分标准及分级护理制度、老年护理服务质量的监管制度、养老服务人员的培训与持续教育制度等。政府应当在土地供应、财政补贴、税费优惠、费用减免等方面提供相应的扶持政策，降低养老服务机构的运营成本，为城市养老服务供给主体的多元化发展提供良好的制度和环境平台。

二、医疗政策

医疗保险制度是社会保障制度的重要组成部分，建立完善的、健全的医疗保障体系是我国在新形势下面临的紧迫任务之一，与人民群众的利益和社会经济发展息息相关。我国目前的医疗保障体系由基本的医保制度和医疗救助制度构成，前者包括职工医保、城镇居民基本医保、新农合、城乡居民大病保险，后者包括城乡医疗救助、疾病应急救助等。

医疗保险从组织形式上一般分为两大类：由政府组织强制实施的社会医疗保险项目，以及由商业保险公司销售的、消费者自愿购买的商业健康保险项目。传统城镇职工医疗保险采用社会保险方式，具体项目又可分为企业单位职工的“劳保医疗”和机关事业单位职工的“公费医疗”两种。前者费用由职工所在企业负担，后者费用按职工所在单位的隶属关系由各级财政负担。

改革开放以来，我国的医疗体制改革取得了不错的进展，但是还是不够健全，目前的基本医疗保险覆盖率很低，承保范围和水平也有一定的不足。存在着发展不平衡、管理手段落后、流动性不足、异地就医困难等问题。制度设计、制度规定、制度运行以及制度保障等方面存在不足，形成了医疗保险体系的制度性缺陷。

当前医疗保险制度方面的问题主要体现为公平性问题、基金平衡问题、补充医疗保险问题以及医疗机构改革问题。

(1)公平性问题。公平是指在规则面前人人平衡等。医疗保护的不公平,主要体现在广大农民的医疗保障方面,虽然农村推行合作医疗制度,但是一些限制导致农民的看病难问题没有解决,打破城乡分割,建立统一的社会保障体系是非常必要的。农村的社会医疗保障问题应该纳入社会医疗保险体系的总框架中。

(2)基金平衡问题。就目前来看,全国各省区市、市、城镇职工基本医疗保险基金均存在同样的问题,即基金收支不平衡,社会统筹基金保障程度低,个人账户支付能力弱,无法满足参保人的基本医疗消费需求,从而导致基金的积累性在逐渐减弱。并且缺少合理有效的供方约束机制,部分医院出现乱收费、滥检查等虚高定价问题。一旦患有重病或者是慢性病,参保人就必须支付很高的医疗费用,为低收入者和体弱多病者带来难以承受的经济负担。

(3)补充医疗保险问题。社会医疗保险体系包括基本医疗保险和补充医疗保险。基于我国现阶段生产力水平低下的情况,基本医疗保险只能是"低水平、广覆盖",而它在保险深度和广度上的缺口,需要依靠补充医疗保险即商业医疗保险来补充。

(4)医疗机构改革问题。我国医疗服务市场目前存在的主要问题,从横向上来看是行政性垄断没有被打破,缺乏公平竞争的环境。政府直接拥有和管理医疗机构,把主要精力放在办医院上面,在一定程度上自觉或不自觉地成为公立医院利益的保障者,限制了其他产权形式医疗机构的发展,市场缺乏竞争而使资源配置效率低下,公立医疗机构利用其垄断地位片面追求经济效益。从纵向上来看,区域卫生规划不合理是主要问题。主要表现在卫生资源配置上条块分割,重复建设,结构失衡,资源浪费与短缺并存,运行成本高,总体利用效率低,不能很好地满足人民群众的医疗卫生需求。

未来需要在以下几方面不断完善：一是提高保障水平，缩小城乡保障差距；二是探索全科医生制度，建立完善的初级医疗体系；三是完善药品保障机制，实现药品定价的合理化；四是明确政府责任，增加对医疗保障制度的投入。

另外还应该注意加强引导，引入竞争，合理配置医疗资源，促进社区医疗机构建设。由于医疗服务市场的特殊性，医疗提供方掌握全部的医疗信息以及医疗资源，处于垄断地位，形成卖方市场，从而容易使市场失灵。仅靠市场机制不能解决资源合理配置及合理利用的问题。因此，为保证医疗服务公平竞争，保证参保人员合法利益，政府干预必不可少。

医疗保险管理部门在确定医疗机构的定点上，依据社会平均成本或先进成本制定费用支付标准和规范，依据医疗保险实际情况合理布局，确定为参保人员提供医疗服务所需的卫生资源。

三、失业保险政策

失业保险是微观搞活、鼓励竞争最重要的社会政策之一。

中国的劳动力有相当大的比例属于没有过硬的专业技能或对口的专业知识这一类型，而中国劳动力的丰富，使这一部分劳动力更加难以找到适合自己的岗位，劳动力过剩现象十分严重。此外，劳动力市场上对高端人才和中端技术人才的海量需求以及低端人才的饱和，加剧了劳动力市场上的供求失衡。低端劳动力数量过多，这不仅是中国低端产能过剩的原因，更是中国经济转型最大的困难之一(见表 6-1 和图 6-2)。

表 6-1　2005—2014 年我国失业人口数和失业率

年　份	失业人数(万人)	失业率(%)
2005	835.0	4.20
2006	839.0	4.10
2007	830.0	4.00
2008	886.0	4.20
2009	921.0	4.30
2010	908.0	4.10
2011	922.0	4.10
2012	917.0	4.10
2013	926.0	4.05
2014	952.0	4.09

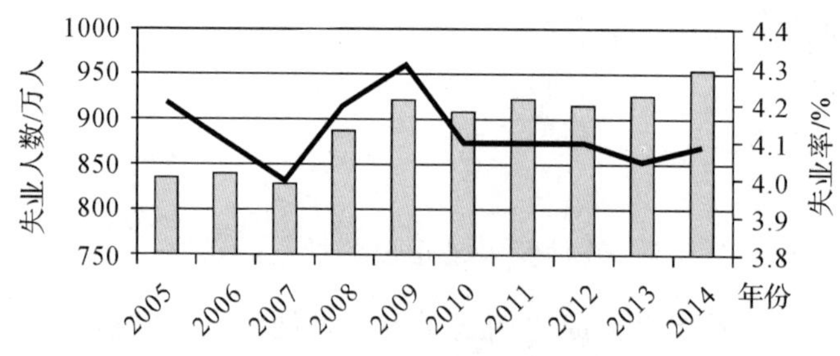

图 6-2　2005—2014 年我国失业人口数和失业率

中国科学教育水平仍相对落后,低学历者在求职者中仍占据一定的比例。即便是高校毕业生,由于中国高等教育水平的局限性和近几年的持续扩招,各方面的素质和能力也有待提高,很难达到社会对于高端人才的要求。由于高校教育体制相对滞后,很难适时地根据市场对各专业人才的需求量调整招生政策和育人策略,因而造成高校毕业生与社会需求专业的严重不对口现象,导致结构性失业。求职者与招聘者之间的信息不对称也导致了一些严重的摩擦性失业现象。

结构性失业主要是由经济结构变化导致的,这种经济结构变化引起特定市场和区域中的特定类型劳动力的需求有些相对低于其供给,有些相对高于其供给。在特定市场中,劳动力的需求相对较低可能由于以下原因:一是技术变化。尽管技术变化被认为能减少成本,扩大整个经济的生产能力,但它可能也会对某些特定市场或产业带来破坏性极大的影响。二是消费者偏好的变化。消费者产品偏好的改变使得在某些地区扩大了生产,增加了就业,但在其他地区减少了生产和就业。三是劳动力的不流动性。这种不流动性延长了技术变化或消费者偏好改变而造成的失业时间。工作机会的减少本应引起失业者流动,但不流动性却没有使这种情况发生。

除了这些,我们还面临着隐性失业方面的问题,中国隐性失业人员的大量存在导致相当部分的劳动力没有能够得到充分有效的利用,处于闲置和半闲置的状态。目前在我国,隐性失业人口分为城镇职工、农村剩余劳动力和高等院校毕业生三类。

就城镇职工而言,主要是一些国有企业人事体制僵化、人事管理松散,本来只需要较少劳动力就可以完成的工作却安排了许多人去做,从而牺牲了效率,形成了隐性失业人口。臃肿庞大的国企在与外企和民企的竞争中几乎不占优势,传统的国企地位和所占有的市场份额也在慢慢流失。

农村剩余劳动力则指的是没有充分发挥劳动力价值,边际效用为零的那部分劳动力。随着我国农村地区生产资料现代化和城市化的加快,农村劳动力市场渐渐富余,大量的剩余劳动力需要向城镇第二、第三产业转移,在城镇吸收不了的情况下,他们滞留在农村与城市之间,又因为受到户籍制度的影响,成了隐性失业人口。

而高等院校毕业生的就业问题,则是当前中国较为突出的问题。近年来,我国的高校毕业生人数大幅增加。有关统计结果表明,大学生年均就业率高达90%以上,但是仍有相当数量的大学生表示“就业难”。毕业生隐性失业者的存在是毕业生普遍感觉就业难的重要原因之一。

解决隐性失业问题首先是要加快市场化进程，促进我国劳动力就业的市场化。其次是要适应经济发展的新常态，增加社会有效劳动力的需求，使创业成为经济发展新常态下新的选择方向，另外应该大力发展职业培训，提高劳动者进入市场竞争的就业能力，在适应新的市场竞争环境下，通过学习和培训可以使中国的隐性失业人口尽快进入新的工作岗位。

综合来看，由于个人之间存在不可避免的差异，市场竞争的一个必然结果就是优胜劣汰，必然造成财富与收入分配在个体之间的不平衡。这种不平衡涉及个人生活的方方面面，包括教育、医疗和住房等。应该用怎样的标准衡量这种不平衡呢？答案一定是五花八门的，因为个人有对于平等问题的不同解释，例如应该从过程公平还是结果公平的角度评价？从横向公平还是纵向公平的角度判断？无论从哪个角度，市场都不可能产生理想的平等的结果，这涉及不同的伦理标准。人们普遍存在对市场结果的不满，导致政府需要越来越多地对市场结果进行干预，进行不同程度的收入再分配。政府干预的程度应该以社会中人们的伦理标准和承受能力为导向。

社会政策是决定民心所向的大事，民生问题能否得到解决，将直接关系到社会能否保持稳定、公正与和谐，这将深刻影响社会发展的活力和动力。以解决和改善民生为重点的社会政策，涵盖社会保障、社会救助、社会管理等多个方面，是推动实现人民幸福安康和社会公平和谐的重要制度设计。

现代社会保障制度起源于19世纪后期“铁血宰相”俾斯麦执政时期的德国。在工业迅速发展的背景下，产业工人人数大幅增加，这些产业工人在很大程度上处于非常弱势的地位，微薄的工资只够提供基本的生活，如果遇到疾病和事故则可能倾家荡产，这也是当时工人运动方兴未艾的重要原因。潜在的可能随时爆发的工人运动引起了俾斯麦的重视，并开创了社会福利法。我们一般认为，这一立法对其他工业国家也有重要指导作用，为现代的社会福利制度奠定了基础。

就我国目前的情况而言，经济发展出现新常态，经济增速放缓和结构调整造成了多方面的负面后果，国有企业改制、去产能造成就业机会减少、结构性失业加剧以及市场机会不平等造成收入分配差距等问题，经济放缓还会给某些群体带来心理的剥夺感，这些都十分不利于社会的稳定。随着经济的放缓和结构的调整，难免有一部分人会陷入相对的困境中，社会必须给予他们以政策的支持，政府必须高度重视由此可能引发的矛盾和问题，实施积极的社会托底政策，这些政策应该包含丰富的内容，并保证三方面的统一，即政策的内容、实施政策的行动以及对政策积极效果的统一。

很长时间以来，我国的社会政策相对于经济政策而言具有弱势的特征，即与促进经济增长和发展的经济政策相比，总被认为是次要的、依附的以及处于弱势地位的。我国经济运行在新常态的情况下，要主动适应新常态、构建新常态，就要赋予社会政策以更加积极的意义，社会托底政策也应该具有更加积极的含义。社会托底政策不能做狭义的理解，从政策实践角度而言，社会政策是政府旨在向广大社会成员，尤其是困难群众提供各种社会服务的规范性安排，是政府对因为下岗、失去劳动能力、收入不足、遭遇灾难、身体疾病等基本生活陷入困境的社会成员进行的规范的救助行为。需要注意的是，现代的社会政策不仅应具有救助性质，还应该具有发展性质。即不仅要“授之以鱼，也要授之以渔”，也就是说要走出社会政策的救助性质和被动性质，在此基础上对妨碍困难群体和中下层群体适应新常态的因素进行干预，促进政策对象的健康发展，以全面地对他们进行托底。发展型救助的特点是，不仅仅重视社会救助的“输血”功能，还更加强调其“造血”功能，要同时发展一些配套性的服务，例如开展基本文化教育、完善的就业培训，从根本上提高这些弱势群体参与经济发展、社会进步的能力和机会，通过自我努力来进行自我提升，提高和改善生存能力和生活质量。

社会政策托底不单单是要解决经济和社会转型过程中的贫困群体、失业群体的基本物质生活方面的问题，也要有利于防止他们在社会机构和社会生活中沉底，阻止社会结构固化，增加社会流动性。就具体内容而言，社会政策托底主要是要保障公民的基本权利，让公民有安全感。具体而言，在社会领域有六项公民权利是政府必须予以保障和满足的，即生存权、健康权、居住权、受教育权、工作权和资产形成权。这些都是最基本的权利，是公民其他权利的基础，对每个社会成员而言不可或缺。对于弱势群体而言，获得并用好这些最基本的权利的能力十分有限，因此需要政府通过完善社会政策和基本的公共服务体系，加强社会保障、社会救助、基本医疗、义务教育、再就业服务、廉租房供给等，着力保障这部分公民的生存和发展权，以满足他们基本生存与健康、基本尊严和体面的需求，促进社会公正和人的全面发展。

自改革开放以来，我国的社会保障政策是按照不同人群分类逐步建立起来的，这直接造成了社会保障项目缺乏普遍性，覆盖面不充分，碎片化程度高的缺点，例如，养老、医疗、失业、工伤、生育五大社会保险，不但险种之间不能衔接，而且各个险种内部的制度也不相同，比如养老保险有机关事业单位职工、企业职工、城市居民、农村居民、被征地农民、农民工等不同的类别，彼此之间的差别非常大。诸如此类的问题不一而足，各项保障之间缺乏有效的衔接，保障缺失以及重复救助现象都存在，极大地削弱了社会保障制度的公平性和有效性。构建一个覆盖面广、制度设计合理、统一的、整合型的社会保障体系是社会政策的终极目标。

建立完善的社会保障政策、做好托底工作是政府不可推卸的职责所在，但是这并不意味着政府应该是唯一的依靠，社会政策应该是多元的，除了政府之外,社会各界例如第三部门、非政府组织等各种服务机构以及基层社区、志愿者队伍,也是社会保障工作的重要力量。要调动企业和个人积极参与慈善事业和公益事业,形成对政府社会保障政策的有效补充。

另外需要注意的是,改善民生是一项长期的、艰巨的任务,不可能一蹴而就。随着我国经济发展方式的转变,随着经济结构调整的深入推进和重点领域改革的逐步展开,改善民生工作自然面临新的挑战,社会保障制度不完善、管理体制不规范、城乡发展不平衡等问题还比较突出。因此,迫切需要进一步完善社会保障体系和社会救助体系,使人人享有义务教育、基本医疗、基本养老、基本住房,使生活困难群众学有所教、病有所医、老有所养、住有所居,享有基本生活保障。

本章小结

当前,中国所面临的问题包括两个方面,一方面是解决历史遗留问题,例如过去需求侧管理造成的产能过剩,另一方面是寻找新的动能以实现经济的可持续发展。要解决这两方面的问题,最为重要的是进行制度创新。在原来的制度下,实体经济没有得到充分发展,大量的资本流向了金融和互联网领域,造成了高杠杆和很大程度的泡沫经济,金融和互联网应该以实体经济为依托,因此我们需要的应该是“+互联网”以及“+金融”,而不是“互联网+”和“金融+”,后者是本末倒置。在原来的思维之下,以政府直接介入经济来拉动经济增长,没有意识到发挥企业的主导作用。政府频繁干预经济就会造成宏观经济政策的不稳定,政府威信受损,企业也无所适从,急于追逐眼前利益。政府对经济的干预还对财政收入提出要求,产生对行政管理的迷信,导致企业负担过重,这是微观经济搞活的巨大障碍。政府不应该直接干预资源的配置,而应该提供公平、公开和公正的交易环境和市场规则,这才是政府最重要的职责。另外,只有政府从微观干预中解放出来,才能更好地服务于民生,弥补社会政策的不足。

参考文献

[1] 保罗·克鲁格曼.现状终结萧条[M].罗康琳,译.北京:中信出版社,2012.

[2] 保罗·克鲁格曼.一个自由主义者的良知[M].刘波,译.北京:中信出版社,2012.

[3] 布莱恩·斯诺登,霍华德·R.文.现代宏观经济学:起源、发展和现状[M].佘江涛,魏威,张风雷,译.南京:江苏人民出版社,2009.

[4] 布里安·P.辛普森.市场没有失败[M].齐安儒,译.北京:中央编译出版社,2012.

[5] 曹晋红,胡少维.我国消费市场分析及走势预测[J].消费经济,2002(2):7-11.

[6] 查尔斯·沃尔夫.市场或政府[M].北京:中国发展出版社,1994.

[7] 陈吉元,邓兹淘,姚钢.中国农村经济发展与改革所面临的问题及对策思路[J].经济研究,1989(7):17-26.

[8] 程恩富.国家主导型市场经济论[M].上海:上海远东出版社,1995.

[9] 程恩富,汪桂进.论消费需求与经济增长[J].消费经济,2001(1):8-11.

[10] 储德银,经庭如.我国农村居民消费需求和收入水平的动态性研究[J].消

费经济,2009,25(1):31-34.

[11] 董敏杰,梁泳梅.1978—2010 年的中国经济增长来源:一个非参数分解框架[J].经济研究,2013(5):17-32.

[12] 董文兵.从十个中央一号文件看 30 年农村改革[J].中国石油大学学报(社会科学版),2008,24(6):1-4.

[13] 范剑平,刘国艳.我国农村消费结构和需求热点变动趋势研究[J].农业经济问题,2001(1):46-52.

[14] 范如国."新经济"建立在旧经济上[J].当代经济研究,2001(3):31-34.

[15] 弗里德利希·冯·哈耶克.个人主义与经济秩序[M].邓正来,编译.上海:复旦大学出版社,2013.

[16] 郝梅瑞.中国城市居民家庭消费地区特征及消费结构类型研究[J].消费经济,2004(6):3-7.

[17] 侯廷智.对市场经济与计划经济历史的理论反思[J].西南师范大学学报(人文社会科学版),2003,29(1):97-103.

[18] 胡鞍钢,鄢一龙,吕捷.从经济指令计划到发展战略规划:中国五年计划转型之路(1953—2009)[J].中国软科学,2010(8):14-24.

[19] 胡若痴.二元经济结构下我国农村消费的情况、制约因素与对策研究[J].消费经济,2010,26(1):11-18.

[20] 胡少维.对我国当前若干宏观经济热点问题的认识[J].上海经济研究,2001(1):31-34.

[21] 胡少维.消费需求高增幅能否持续[J].消费经济,2000(5):3-6.

[22] 黄宗凯.邓小平南方谈话关于计划经济与市场经济论述的历史价值[J].四川师范大学学报(社会科学版),2002(5):10-14.

[23] 江小容.改革开放以来农村经济发展历程研究[D].咸阳:西北农林科技大

学,2012.

[24] 姜长云,张化萍.中国农村消费市场需求预测[J].消费经济,2000(4):3-7.

[25] 蒋南平,朱琛,王向南.中国城镇化与农村消费启动——基于 1978—2009 年数据的实证检验[J].消费经济,2011,27(1):23-26.

[26] 靳涛,张建辉,褚敏.从中国 60 年两次制度变迁再反思计划经济与市场经济的迥异[J].江苏社会科学,2011(1):81-89.

[27] 景维民.论中国传统第三产业的现代化[J].理论与现代化,1993(3).

[28] 柯武刚,史漫飞.制度经济学[M].北京:中国商务出版社,2008.

[29] 兰夕雨.中国大陆第三次农村土改与台湾 20 世纪 70～80 年代农村土改之比较[J].湖北经济学院学报(人文社会科学版),2010,7(1):16-18.

[30] 冷晨昕,刘灵芝,祝仲坤.城镇化背景下收入来源结构对农村居民消费的影响分析[J].消费经济,2016(1):28-33.

[31] 李江帆.产业结构高级化与第三产业现代化[J].中山大学学报(社会科学版),2005(4):124-130,144.

[32] 李明贤,文春晖.农村消费不足对我国经济增长的约束分析[J].消费经济,2006,22(6):22-25.

[33] 李鹏,曾光.我国农村居民消费结构变动的实证分析[J].华中农业大学学报(社会科学版),2011(6):50-54.

[34] 李瑢.提高农村居民消费质量需要优化农村消费环境[J].消费经济,2010,26(1):50-53.

[35] 李彦和.尹世杰消费经济思想评述[J].消费经济,2012,28(1):90-94.

[36] 刘敏.关于城乡消费的比较分析[J].消费经济,1998(3):46-48.

[37] 刘伟.1988 年中国“物价闯关”研究[D].北京:中共中央党校,2011.

[38] 刘醒夫.消费热点与调整优化产业结构[J].消费经济,1998(3):10-12.

[39] 刘艺容,蔡伟.中国31个地区城镇居民消费结构比较研究[J].消费经济,2014,30(3):35-41.

[40] 刘毅.我国分城乡居民消费研究综述[J].消费经济,2005,21(5):95-97.

[41] 柳思维,赵锋.新时期我国发展农村消费服务的对策研究[J].消费经济,2010,26(2):16-19.

[42] 陆凯旋.改革开放初期我国三次产业结构的变动研究[J].中国经济史研究,2005(2):40-46.

[43] 吕研.中国城镇居民耐用消费品消费影响因素分析[D].成都:西南财经大学,2012.

[44] 马成文.我国城乡居民消费差异分析[J].消费经济,1998(1):14-18.

[45] 马新力,丁宗彦.市场经济与计划经济相结合:中国经济快速和谐发展的有效模式[J].现代财经,2006,26(12):3-8.

[46] 石少龙.中国城乡粮食消费20年概况及其趋势[J].消费经济,1999(3):22-24.

[47] 苏宗敏.从人均GDP看我国的经济发展[J].今日南国,2008(2):124-135.

[48] 孙虹乔.农村基础设施建设与消费需求的增长[J].消费经济,2011,27(5):33-36.

[49] 泰伟广.我国农村居民消费结构分析[D].保定:河北大学,2006.

[50] 谭建陵.对计划与市场同计划经济与市场经济关系的再思考[J].理论与实践,2009(7):62-64.

[51] 汤跃跃,张毓雄.农村居民消费结构与转变经济发展方式[J].财经科学,2011(9):104-112.

[52] 唐江南.关于我国消费热点发展演变的研究[D].长沙:湖南师范大学,2012.

[53] 唐淑云.论我国农村消费特征的演替及拉动消费的对策[J].消费经济,

2003(3):29-31.

[54] 王连花.70年代末80年代初农村改革评价述评[J].改革纵横,2012(2):1-4.

[55] 王履宣.西方发达国家第三产业的发展与我们的借鉴[J].兰州商学院学报,1993(3):28-32.

[56] 王述英.西方第三产业理论演变述评[J].湖南社会科学,2003(5):85-88.

[57] 卫志民.经济学史话[M].北京:中国商务出版社,2012.

[58] 魏杰,刘光典.关于消费需求膨胀的几个问题[J].消费经济,1990(1):19-24.

[59] 温涛,孟兆亮.我国农村居民消费结构演化研究[J].农业技术经济,2012(7):4-14.

[60] 吴敬琏,厉以宁,林毅夫.读懂新常态[M].北京:中信出版社,2015.

[61] 肖婷婷.河南省农村居民消费结构研究[D].咸阳:西北农林科技大学,2011.

[62] 谢振芳.现代服务业与第三产业之辨[J].山东工商学院学报,2008,22(3):1-4.

[63] 徐曙敏.我国农村居民人均消费支出与人均纯收入的实证分析[J].宜春学院学报,2012,34(1):37-69.

[64] 许宪春.当前我国的经济增长及其变化趋势[J].经济科学,2009(5):5-18.

[65] 许振江.从中央一号文件看农村生态环境变迁(1978—2013)[J].中共四川省委党校学报,2013(1):12-19.

[66] 杨帆.对中国计划经济时期成就的客观评价[J].云南财经大学学报,2008,24(2):13-15.

[67] 杨晓梅,叶福生.九十年代城镇居民消费前瞻[J].消费经济,1995(2):9-13.

[68] 尹世杰.加强对消费者的研究[J].消费经济,1990(1):1-4.

[69] 尹世杰.消费需求与经济增长[J].消费经济,2004(5):3-7.

[70] 尹向东.我国小康水平消费结构发展变化的主要特征[J].消费经济,1994(5):15-19.

[71] 郁义鸿.第三产业的发展与城市现代化[J].城市问题,1993(1):9-12,52.

[72] 张军.中央计划经济下的产权和制度变迁理论[J].经济研究,1993(5):72-80.

[73] 张军.资本形成、工业化与经济增长:中国的转轨特征[J].经济研究,2002(6):3-13.

[74] 赵凌云.1949—2008年间中国传统计划经济体制产生、演变与转变的内生逻辑[J].中国经济史研究,2009(3):24-33.

[75] 周强.步入特殊历史阶段的中国经济[J].经济纵横,1994(4):27-29.

[76] 朱春燕.中国城镇居民和农村居民的消费——储蓄替代行为分析[J].消费经济,1999(1):38-40.

[77] 朱大碌."计划经济"实质上是"行政经济"[J].南京社会科学,1995(9):49-51.

[78] 朱君奇.从计划经济的"兴、变、衰"看中国经济体制变迁[D].曲阜:曲阜师范大学,2014.

[79] 朱启财,罗剑梅.论经济增长质量[J].财经研究,1991(10):10-15.

[80] 邹燕.我国第三产业的范围、分类及劳动性质浅议[J].延安职业技术学院学报,2009,23(6):4-6,15.

后　　记

本书的写作思路首先源于浙江大学高端培训平台，在这个平台上，笔者在与前来培训的公务员和企业家的长期互动过程中进行了大量思考。同时源于笔者对党的十一届三中全会后经济体制改革进程与效果的跟踪和研究。经过30多年的经济体制改革，中国发生了翻天覆地的变化。第一，中国百姓生活水平迅速提高，已经完成了从对温饱的追求到汽车进入普通家庭的传统工业化进程的转变；第二，基础设施得到根本性的改善，发展的硬条件日趋完善；第三，综合国力持续提升。所以，这30多年是中国发展最好的时期。

但是同时，在30多年的改革开放进程中，经济市场化与传统的计划经济思维之间的冲突依旧存在，行政政策与市场化的经济政策之间的矛盾日益积累，总量巨大与结构性矛盾依旧严重制约经济的发展。产品低端，研究能力薄弱，产品结构、产业结构不合理，区域发展不平衡，社会阶层贫富差距大等，这一切使得中国经济持续前进的动力严重不足。所以，有必要对目前中国经济政策的转型，即从需求管理政策向供给管理政策的转变进行一些分析，以表达我们的观点。

后　　记

在本书的酝酿和写作过程中，受到了各方面的帮助和支持，感谢浙江大学出版社的鼎力帮助，感谢浙江大学相关部门尤其是浙江大学继续教育学院的支持。感谢浙江大学高端培训平台的各位公务员学员和企业家学员。在写作过程中，上海海洋大学的冯晓晓、王绍萱和张继伟等共同参与了讨论，提出了许多建设性的建议，在此谨表示衷心感谢！

“不忘初心，继续前进”。我们将一如既往，传经济学的道，授经济学的业，发经济学的感。

由于时间仓促，不足之处在所难免，还望各位读者不吝赐教！我仍坚信，你们的批评和建议是我们继续努力的动力。

作　者

2016年仲夏